AF501560

# MÉMOIRE SUR LA VIE

DE

# L'ABBÉ DE FARIA

**Explication de la charmante légende du château d'If dans le roman « Monte-Cristo »**

# MÉMOIRE SUR LA VIE

DE

# L'Abbé de Faria

## Explication de la charmante légende du château d'If dans le roman « Monte-Cristo »

---

ÉDITION SPÉCIALE

*Suivie des documents historiques et littéraires, avec reproduction de deux estampes*

PAR

**le Dr D. G. DALGADO**

de l'Académie Royale des Sciences
de Lisbonne

*L'abbé Faria est un homme savant, plein de foi.*

JULES CLARETIE.

---

PARIS

HENRI JOUVE, ÉDITEUR

15, RUE RACINE, 15

1906

## AVANT-PROPOS

L'origine de ce *Mémoire* est bien simple. L'abbé de Faria, un des hypnotiseurs les plus célèbres du monde entier, avec sa vaste et unique expérience, écrivit en 1819 un livre, *De la Cause du Sommeil lucide*, qui marque une véritable ère dans l'histoire du magnétisme animal. Ce livre est devenu, au cours du temps, si rare et si introuvable que certains auteurs, les plus éminents dans les lettres et dans les sciences, n'en connaissent pas l'original. Pour combler cette lacune, je l'ai fait réimprimer, en y ajoutant une Introduction, dans laquelle j'ai démontré que Faria est le seul et le véritable fondateur de la doctrine de la Suggestion en hypnotisme. J'ai voulu, naturellement, donner, en même temps, quelques notes biographiques sur l'auteur, mais je me suis bien vite convaincu que sa vie présentait deux éléments très distincts : l'élément scientifique et l'élément romanesque, et comme chacun d'eux est d'un intérêt tout spécial, j'ai décidé de présenter les éléments romanesques dans ce volume, qui permettra à ceux qui le désirent de connaître la vie de l'abbé Faria, sans tenir compte des questions scientifiques.

L'abbé Faria vit, aujourd'hui, dans l'imagination populaire entouré d'une auréole de mystère ; il est un de ces rares personnages qui sont devenus légendaires peu de temps, après leur mort. Il a eu la gloire d'avoir attiré l'attention d'écrivains illustres, tels que Chateaubriand, Alexandre Dumas et Jules Claretie, en France ; Brito Aranha et Pinheiro Chagas, en Portugal, et Cunha Rivara, dans les Indes. Mais, malheureusement, il n'existe encore, ni en français, ni en portugais, un récit exact et complet de sa vie.

Par son roman, *Le Comte de Monte-Cristo*, Alexandre Dumas donna au *nom* de Faria une telle célébrité qu'il n'existe presque personne en France, et, on peut dire, dans tout le monde civilisé qui ne le connaisse pas. Le château d'If, où il place son abbé prisonnier et où il le fait mourir, est visité chaque année par plusieurs milliers de personnes, appartenant à toutes les nationalités. Mais dans ce nombre, et même dans le monde en général, combien y en a-t-il qui sachent que leur héros n'a pas été un héros imaginaire, mais qu'il a bien réellement vécu plus de trente ans en France, et qu'il fut, en effet, professeur de philosophie à l'Académie de Marseille en 1811 ? Qu'il avait, comme tous ceux qui résident à Marseille, visité, très vraisemblablement, le château d'If l'année même où Dumas y fait son abbé prisonnier d'Etat ? Que sa tête « a tourné » dans son cachot, en 1813, la même année que Faria commençait à Paris son cours raisonné sur le sommeil lucide ? Que l'abbé du roman avait reçu, au château d'If, la visite de M. l'inspecteur général des prisons en 1816, en même temps que Faria, l'hypnotiseur, recevait la visite de M. Potier, dans son salon de conférences, rue de Clichy, et, dans l'un et l'autre cas, comme nous verrons plus loin, avec un résultat également désastreux ? Et qu'il y a plusieurs autres ressemblances frappantes entre l'abbé Faria de Dumas et l'abbé Faria réel ? Personne, c'est du moins mon avis, ne connaît tous ces faits, et la grande majorité ignore même qu'il a réellement existé un abbé Faria.

Il est bien évident, quand on compare la vie de Faria avec son rôle dans le roman, que Dumas était très bien documenté, et qu'il est un des rares auteurs qui ait parfaitement compris le vrai caractère de Faria. Lorsqu'il avait choisi son héros, il avait été frappé sans doute, à la fois par son origine, par la part qu'il avait prise à la Révolution française, et par le courage qu'il déploya dans ses conférences en défiant ses contradicteurs; par la simplicité de son caractère, sa parfaite bonne foi et son inébranlable croyance dans les vérités chrétiennes ; par sa patience à supporter avec dignité son malheur, et, finalement, par ses vastes connaissances philosophiques et historiques. Dans la description de son héros, l'illustre auteur a pris les libertés usuelles du romancier, mais il a toujours admirablement respecté le caractère essentiel et les faits principaux de la vie de l'abbé.

L'épisode Faria est, sans aucun doute, celui qui présente le plus de charme et frappe l'imagination plus que toutes les autres aventures merveilleuses du comte de Monte-Cristo ; il est, certainement de ceux qui s'oublient le moins. J'ai consacré un chapitre de ce *Mémoire* à dévoiler les événements les plus importants de cet épisode. Mais ce qui m'a frappé surtout c'est que Dumas a voulu, tout en atténuant sans doute, se peindre lui-même, et émettre, sous le couvert de Faria, ses opinions personnelles, sur la politique, sur la littérature et sur les sciences, si bien que cet épisode pourrait servir de notice biographique sur Dumas lui-même.

Pendant sa vie, Faria a eu l'honneur de figurer comme personnage principal dans la *Magnétismomanie*, vaudeville représenté en 1816 au théâtre des Variétés. L'objet de cette pièce était de ridiculiser Faria et sa doctrine. Mais, il est curieux de noter que les propos qui faisaient douter le plus de la réalité des phénomènes de suggestion dans le sommeil lucide, et qui soulevaient les rires les plus éclatants, sont précisément ceux qui sont entrés maintenant dans le domaine scientifique. Plus tard, trente ans environ après sa mort, Faria a figuré de nouveau dans le drame de *Monte-Cristo*, représenté pour la première fois en 1848 au Théâtre-Historique. Il y jouait le rôle d'un personnage aussi savant que bon chrétien, rôle qui reproduisait son caractère absolument réel, si je puis m'exprimer ainsi.

Je donnerai, dans l'Appendice, la première de ces deux pièces, en entier. Quant à la seconde, je me contenterai de reproduire les scènes [1] qui concernent l'épisode Faria. Je citerai aussi quelques documents historiques que je n'ai pas voulu englober dans le le *Mémoire*, et dont la plupart, ne pouvant être compulsés qu'à Paris, ont donné lieu à cette édition spéciale. J'y ajouterai la reproduction de deux estampes satiriques assez curieuses, et d'autant plus intéressantes qu'il n'existe aucun portrait authentique de Faria.

Ce modeste travail m'a permis de passer à Paris des heures charmantes, d'être impressionné par la vie intellectuelle si intense de cette grande ville, d'admirer de près ses vastes bibliothèques et ses archives si riches et si bien organisées, dirigées et administrées par un personnel poli et obligeant, toujours prêt à donner aux visiteurs les renseigne-

1. Je veux remercier ici MM. Calman-Lévy, les distingués éditeurs des ouvrages de Dumas, de m'avoir autorisé à reproduire ces scènes, et aussi à faire usage du roman.

ments désirés, et à transformer, par son aimable coopération, un travail souvent pénible en passe-temps agréable. Et je suis heureux de remercier ici tous ceux qui à Paris et ailleurs, m'ont, de quelque manière que ce soit, prêté un concours aussi bienveillant que précieux.

En concluant, je demande l'indulgence du lecteur pour le style dans lequel ces pages sont rédigées ; c'est la première fois que j'essaie d'écrire en langue française une brochure de ce genre, et je dois confesser que ma connaissance de cette langue n'est pas aussi complète et aussi précise que je le voudrais.

D. G. D.

## CHAPITRE I

1756 à 1777. — **Naissance à Goa, ses parents. — Départ pour Lisbonne ; de Lisbonne à Rome : éducation, doctorat. — Retour à Lisbonne, son premier sermon devant la cour. — Départ pour Paris.**

---

José Custodio de Faria naquit à Candolim, un village de Bardês, Goa, le 31 mai 1756. Il fut baptisé dans l'église de Notre-Dame-de-l'Espérance, la paroisse du même village, le 7 juin. Son père, Caetano Victorino de Faria, natif de Colvalle, village aussi de Bardês, ayant fait ses études ecclésiastiques et ayant reçu les ordres mineurs, renonça à être prêtre et se maria avec Rosa Maria de Sousa, fille unique et héritière d'Alexandre de Sousa, une famille riche de Candolim, vulgairement surnommée *Concro*. La famille de Faria, descendante d'un brahmine, nommé Antû Shenoi, déjà chrétienne depuis plus de deux siècles, appartenait à la bourgeoisie de Bardês, mais elle était moins riche et moins distinguée que celle de sa femme. Leur mariage ne fut pas heureux ; on ne connait pas la vraie cause de cette discorde, et la naissance de José Custodio, après sept ans, n'apporta pas la paix désirée. Bien au contraire, la séparation fut décidée par consentement réciproque, entre 1764 et 1765. Ayant obtenu la dispense nécessaire, Caetano Victorino qui avait résidé à Candolim, chez sa femme, retourna avec son fils à Colvalle. Là, il reprit la soutane et fut ordonné prêtre. C'est cette dernière circonstance, qui a fait supposer que José Custodio était un fils naturel ; or, il était parfaitement légitime, ainsi que l'indique son acte de naissance [1].

Rosa Maria, la mère de José Custodio, comme héritière d'une famille riche, était adorée de ses parents, mais gâtée par son milieu luxueux ; son éducation n'avait pas été bien réglée ; habituée à ce que tout cédât à ses moindres caprices quand elle était jeune, elle était restée hautaine et orgueilleuse. Après la séparation elle changea de vie : elle prit, de son côté, le voile et entra à Goa, dans le monastère de Santa-Monica, dont elle devint la prieure. Il est vrai que ce fait demande confirmation.

Le père Faria n'ayant aucune relation proche et doué d'un caractère ferme, résolu et progressif, prit la décision, en 1771, de partir pour Lisbonne avec son fils, qui était âgé de quinze ans. Probablement celui-ci avait déjà fait ses études préliminaires, ou pris

1. V. Document A.

quelques leçons de latin et de philosophie selon l'usage de l'époque. Ils quittèrent Goa le 21 ou le 22 février, par le bateau *S. José*, et arrivèrent à Lisbonne le 23 novembre, après un voyage de neuf mois.

La maison de Faria et la grande chapelle qui lui appartenait, étant tombées en ruines, furent achetées par la famille[1] de José Nicolau da Fonseca, auteur du *The History of Goa*, qui bâtit une nouvelle maison sur la place de l'ancienne et répara la chapelle qui maintenant, nous dit-on, est devenue publique et appartient à un des quartiers de la commune. La maison de Rosa Maria, où est né José Custodio, existe encore.

Arrivé à Lisbonne, le père Faria, avec les lettres de présentation qu'il apportait de Goa, fit la connaissance de quelques personnages de la cour et fut un intime du nonce apostolique, archevêque de Tyr, auquel il présenta un mémoire sur les missions des Indes, copié par le jeune Faria. Le nonce, ayant eu connaissance que le document était écrit par José Custodio, le félicita de son excellente calligraphie.

En 1772, les deux Faria partirent pour Rome, *via* Gênes, munis de lettres de recommandation du nonce à plusieurs personnages de la cité éternelle. Le but du père Faria était d'y acquérir le grade de docteur en théologie avec l'intention d'avancer ainsi dans la car-

1. V. « A Gazêta de Bardês » Assagao, Goa; cit. in « Dic. Bibliog. Port. », vol. XII, par Brito Aranha, p. 412.

rière ecclésiastique, et de s'occuper de l'instruction de son fils. Le père prit, après quelque temps, le titre qu'il ambitionnait, et retourna à Lisbonne vers 1777, où il fut reçu à la cour. Il augmenta le nombre de ses connaissances, entre autres il fit celle du cardinal Mendonça, et il acquit une certaine influence auprès du gouvernement, des autorités ecclésiastiques, et surtout du nonce.

José Custodio continua ses études à Rome, comme interne dans le collège de *Propaganda Fide* jusqu'en 1780, quand il prit son doctorat et fut ordonné prêtre le 12 mars. Dans sa thèse il défendit les propositions théologiques : *De Existentia Dei*, *Deo uno* et *Divina Revelatione*, et il dédia son travail à la reine D. Maria Ire et au roi D. Pedro III [1]. Dans sa dédicace il dit que, grâce au roi D. José, il avait pu continuer ses études au collège de *Propaganda*, et qu'il avait l'intention de lui dédier sa thèse ; mais, comme son protecteur était mort, il la présentait à sa fille et à son époux, comme hommage et remerciements des bénéfices que son père et lui avaient reçus de leur royal bienfaiteur.

Le registre du collège contient, en italien, une note en face de son nom : « On y dit qu'il (Faria) [2] réside à Lisbonne, ou qu'il se

1. V. Document B.

2. « Se dice demorante in Lisbona, ovver nascosto in altro simile paese della terra ferma per alcuni impegni della Corte. Che che sia ora, quando fu in Collegio si portò bene, e sebbene in occasione di publica Conclusione mostro' dell' orgoglio non intorno il Dottrinale ma intorno

cache dans un autre pays du continent à cause de quelques influences de la Cour (?) Ce que l'on sait maintenant c'est que sa conduite au collège fut bonne, si bien qu'à l'occasion de la défense publique de sa thèse, il travailla moins à l'égard de la doctrine qu'en vue d'obtenir son titre, et dans sa façon de la dédier presque forcément. » Il est clair, que cette note, bien confuse dans la première partie, était évidemment écrite quand Faria résidait à Paris, et quand sa réputation se fut répandue jusqu'à son collège.

Après avoir fini ses études, l'abbé [1] Faria retourna à Lisbonne, où il fut aussi reçu à la cour. Le fait romanesque que son père était un prêtre et sa mère une religieuse causa un certain intérêt, surtout dans une partie du public aristocratique.

De la vie du jeune abbé en Portugal il y a peu de faits à enregistrer. Le plus connu est l'histoire de son premier sermon devant la cour. Ayant reçu l'ordre de prononcer un discours à l'occasion d'une fête dans la chapelle royale, il monta en chaire et à peine avait-il prononcé quelques mots qu'il perdit la tête et oublia ce qu'il voulait dire, troublé par

all'orternenla con impegno, e con impegno quasi forzatamente dedicarla ». D'ordinaire ces notes sont écrites en latin.

1. On a pensé que l'abbé Faria appartenait à un ordre religieux, mais il n'y a aucune raison qui permette de soutenir cette opinion.

un auditoire si distingué. Son père, qui n'était pas loin, lui dit sur un ton assez élevé pour qu'il pût entendre et dans le langage de Goa : *Hi sogli bhâji*, « tous sont tête de paille »; l'abbé retrouva aussitôt tout son calme et continua son sermon, qui fut écouté avec une certaine faveur. Quelques personnes dans la chapelle voulurent savoir ce que le père avait dit, mais ils ne purent pas découvrir le sens des mots. Il va sans dire, que la phrase ne contenait rien de désobligeant pour les personnages présents, ce qui eût été absurde, mais qu'elle n'avait pour but que d'encourager son fils.

Une autre fois, nous dit M. Genesano Antonio João de Sousa [1], l'abbé Faria, disant sa messe et remarquant que son assistant n'était pas présent pour changer le missel, dit à son père qui n'était pas loin : « Père, changez le missel, s'il vous plaît. » Le père changea le missel. L'assistance, qui ne connaissait pas l'histoire de Faria, fut vivement surprise que le jeune abbé donnât le nom de « père » (pai) au vieux prêtre et ne put se défendre d'un certain scandale. C'est grâce à cette circonstance, et pour ne pas expliquer à tout le monde comment il était fils légitime d'un prêtre, qu'il prit, dit-on, la résolution de dire, en plaisantant, que son père était un nègre, et qu'il était un converti ; ces plaisanteries, qui furent acceptées par plusieurs de ses connaissances

1. V. « O Ultramar », (journal) de Margâo, Goa, du 18 mai 1865.

comme vérités, ont été répétées par quelques auteurs dans ses notes biographiques.

L'abbé Faria ne correspondait ni avec ses relations, ni avec amis des Indes. Il n'existe qu'une lettre de sa main, dans laquelle il recommandait à son cousin, Antonio João de Sousa, une jeune personne, nommée Catharina, qui était une fille adoptive de sa mère et compagne de son enfance, et lui envoyait, à cette occasion, un oratoire [1] et quelques images qui, dit-on, existent encore.

Après son retour à Lisbonne, le père Faria fit pendant plus de dix ans, de 1777 à 1788, toutes les démarches nécessaires pour être nommé évêque d'un des diocèses des Indes, sinon lui, du moins l'un de ses deux ou trois amis, dûment qualifiés. Il se plaignait amèrement que sur trois mille [2] prêtres indo-portugais, il ne s'en trouvât pas un seul digne d'être élevé à la dignité épiscopale, et que la science et la vertu perdissent leur valeur par le simple fait que les personnes, qui les possédaient, avaient la peau bronzée. On a dit que la cour était favorable à ses prétentions, mais le gouvernement restait inflexible [3].

L'abbé Faria, convaincu par ses démarches

1. Sorte de petite chapelle portative en bois, ivoire, etc., que l'on conserve chez soi, dans une pièce réservée à la prière.

2. Le nombre est exact tout en paraissant exagéré.

3. Il faut remarquer ici, pour rendre justice au gouvernement portugais, qu'il y avait des évêques indo-portugais dans les XVII^e et XVIII^e siècles.

qu'il n'avait aucune chance d'avancement dans la carrière ecclésiastique en Portugal, prit la résolution de quitter ce pays et de chercher ailleurs un terrain propre à son activité intellectuelle. Il aspirait à atteindre une certaine « célébrité dans les lettres » ou dans les sciences. Il décida de partir pour Paris au printemps de 1788.

L'arrivée de l'abbé Faria à Paris coïncidait presque avec celle des ambassadeurs de Tipou Sultan, un nabab des Indes, qui voulait faire une alliance avec la France pour expulser les Anglais des Indes, et qui ambitionnait les possessions portugaises[1]. On a insinué que l'abbé venait à Paris, comme agent des « conjurés de 1787 de Goa », pour livrer les possessions portugaises indiennes aux Français, selon les uns, et au Tipou Sultan, selon les autres. Cette hypothèse ne repose sur aucune base sérieuse : il n'y a aucun document, ni aucune autre preuve pour justifier cette idée. L'abbé n'avait que quinze ans lorsqu'il sortit des Indes ; il ne correspondit avec personne pendant tout le temps qu'il passa en Europe, car on n'a pu trouver qu'une seule lettre de sa main, mentionnée ci-dessus, écrite à Goa ; il ne pouvait donc être intéressé dans les affaires politiques des Indes.

Quand le rapport sur la « conjuration » arriva à Lisbonne en juillet 1788, le père

1. Michaud (J.) « Histoire des progrès et de la chute de l'empire de Mysore », 1801, t. I. p. 283. Les ambassadeurs furent reçus par Louis XVI le 13 août 1788.

Faria, que son influence faisait considérer comme patriarche des Indo-portugais résidant en Portugal, fut détenu dans le couvent des Paulistes (Jésuites), à Calçada do Combro, à Lisbonne, où il résidait. Il s'était créé beaucoup d'ennemis, aussi bien en Portugal que dans les colonies, en fournissant au gouvernement des informations concernant surtout les affaires ecclésiastiques. On chercha dans ses papiers « sans trouver rien de compromettant.[1] » Il faut remarquer qu'il y avait déjà dix-sept ans qu'il était sorti de Goa.

L'abbé Faria, jusqu'à son départ pour la France, menait une vie tout à fait exemplaire et irréprochable pour son état de prêtre, mais, découragé de ne pouvoir satisfaire son ambition professionnelle, juste et naturelle, et dégoûté du traitement infligé à son père, il changea, à l'exemple de plusieurs autres dans les mêmes conditions, sa conduite en arrivant à Paris ; il y mena une vie plus libre et plus mondaine.

L'auteur d'un article biographique dans le *Moniteur Universel*[2] dit : que « Faria racontait que, peu de temps avant que la famille de Bragance s'exilât de l'Europe, il avait été nommé par la régente de Portugal à un évêché de ce royaume. » Cette histoire ne peut pas être sérieusement soutenue : ce que Faria

1. « A Conjuração de 1787 em Goa, e varias outras cousas desse tempo » par J. da Cunha Rivara. Nova-Gôa, 1875, p. 22.
2. V. Document E.

s'était probablement contenté de dire, c'est que, avant son départ pour Paris, quelques membres de la famille royale étaient favorables à sa candidature à la mitre, chose très différente d'être « nommé. »

Ce qui est certain, c'est que Faria n'a pas perdu beaucoup en ne pouvant satisfaire sa grande ambition d'être évêque, position à laquelle on attachait dans son temps, surtout aux Indes, beaucoup plus d'importance qu'aujourd'hui. Ce que l'Eglise a perdu, la science l'a gagné. L'abbé Faria, comme fondateur de la doctrine de la suggestion en hypnotisme, est devenu un des Portugais les plus connus et les plus estimés dans le monde médical et scientifique d'aujourd'hui.

## CHAPITRE II

1788 à 1812. — Première trace à Paris. — Sa marche contre la Convention. — Commencement de la pratique du magnétisme : Comment il est devenu magnétiseur. — Un dîner chez Mme de Custine : Chateaubriand et Faria. — Professeur de philosophie à Marseille et à Nîmes.

---

L'abbé Faria est arrivé à Paris au printemps de 1788. La première trace qu'on trouve de son existence dans la grande ville est curieusement consignée dans le *Registre des dénonciations* (1792) de la section du Ponceau, (mieux connue, après 1793, comme celle des Amis de la Patrie), dans les *Archives Nationales.* [1]

Un témoin a déposé, le 4 septembre, que l'abbé Faria, demeurant dans la maison n° 49 rue du Ponceau [2], était un prêtre réfractaire

1. V. Document C.

2. Cette rue commençait autrefois à la rue Saint-Martin, traversait le boulevard Sébastopol actuel et finissait à la rue Saint-Denis, le dernier n° impair des maisons étant le 55 ; maintenant, bien raccourcie, elle commence à la rue Palestro n° 35 et finit, comme autrefois, à la rue Saint-Denis, le der-

et incendiaire, tant par ses discours que par les papiers qu'il lisait ; un autre a déclaré, le jour suivant, qu'il avait appris, que l'abbé avait dit plusieurs fois, qu'il voudrait qu'il y eût au Champ de Mars autant de poteaux que de gardes nationaux et patriotes, et qu'il les y ferait tous pendre ; et, qu'il avait entendu dire, en outre, que l'abbé était joueur, qu'il fréquentait le Palais-Royal et qu'il était bien connu.

Faria, par son teint exotique, rare à cette époque, à Paris, par sa taille élevée et sa constitution grêle et maigre, par ses manières libres et mondaines, et par ses opinions politiques exaltées, avait frappé, sans aucun doute, l'imagination de ses voisins. On voit qu'il n'entrait aucune malice dans les dépositions. Lorsque les témoins faisaient leurs déclarations il est probable qu'au lieu de le condamner, ils se disaient : « Très bien, monsieur l'abbé, allons ! »

On notera que, dans ces dépositions, il n'est pas encore question de magnétisme. S'il avait commencé à magnétiser, il est certain qu'on aurait déposé contre ces pratiques Quelles ont été les conséquences de ces dénonciations ? Il n'y a pas de document qui en fasse mention. Il est probable que l'abbé

nier n° impair étant le 13. L'ancienne maison n° 49 correspond, selon les Archives de la Direction de l'enregistrement et des domaines, au n° 7, tel qu'il existait en 1815. Considérant la position, la vieillesse, et d'autres circonstances locales, nous sommes convaincu que c'est au n° 7 que Faria résidait en 1792.

fut averti d'avoir à bien se tenir et à être circonspect.

Mais, quelles que fussent les opinions de Faria sur la Convention, il dut se tenir tranquille encore pendant trois ans ; et c'est le 13 vendémiaire an VI (le 5 octobre 1795) [1], qu'il prit sa revanche. Il se mit à la tête d'un des bataillons révolutionnaires de sa section, et prit une part active à la chute de la Convention. Aucun journal de cette époque ne fait mention de l'action de Faria, et ni dans l'ouvrage de Réal [2], ni dans celui de M. Henri Zivy [3], ni ailleurs je n'ai pu trouver le nom de Faria mêlé aux événements du 13 vendémiaire. On mentionne ce fait pour la première fois dans le *Moniteur*. Naturellement, les amis du Directoire considéraient Faria comme un patriote, et ceux de la Convention comme un de « ces horribles prêtres de Rome, qui voulaient faire de la France une nouvelle Vendée. » Ce qui est certain, c'est qu'à cette époque de sa vie il était, comme tous les autres qui ont pris part à la Révolution, un politicien exalté, mais non, comme certains de ses collègues ecclésiastiques, un fanatique religieux.

1. Un écrivain donne la date du 15, et un autre du 10 : ce sont probablement des erreurs typographiques.

2. « Essai sur les journées des 13 et 14 vendémiaire ». Paris, l'an IV de la République.

3. « Le 13 Vendémiaire », an IV, Paris, 1898.

C'est depuis cette époque, que Faria « se fit dans Paris une ressource de la pratique du magnétisme. » Malgré la suspicion du public contre Mesmer et sa doctrine, il n'aurait pas eu grande difficulté à trouver des clients, parce que partout et toujours on rencontre des gens, dans toutes les classes de la société, désireux de se soumettre à un traitement quelconque et surtout nouveau : le plus mystérieux est le meilleur.

On voudrait savoir comment l'abbé Faria est devenu magnétiseur. A-t-il apporté sa science, comme on l'a suggéré, des Indes ? A quelle époque a-t-il exactement commencé sa pratique et developpé sa théorie ?

Je répondrai négativement à la première question. Il n'y a aucune raison pour supposer que Faria ait apporté sa science des Indes ; il est parti de Goa n'ayant que quinze ans ; la plus grande connaissance qu'il avait apportée est, comme nous l'avons vu, une belle écriture ; il y avait appris, nul doute, les éléments du latin et probablement ceux de la philosophie, mais la supposition qu'il avait aussi étudié le spiritisme et le fakirisme est absurde. Il appartenait à une famille qui n'aurait pas toléré pour ses enfants la connaissance de pareilles sciences, et son père était déjà prêtre. S'il avait apporté sa science du magnétisme des Indes, il l'aurait déjà exercée soit à Rome, soit à Lisbonne, soit même à Paris avant 1795, quand il était déjà âgé de quarante ans.

Nous avons vu, dans les dépositions de 1792, qu'il n'y avait aucune mention du magnétisme. On peut donc affirmer, sans aucune hésitation, qu'il ne savait rien du magnétisme animal, qu'il ne connaissait pas le sens de ces mots ni d'autres mots semblables, quand il est parti des Indes. Dans la lettre dédicatoire de son livre, il dit au marquis de Chastenet de Puységur : « Je reconnais dans vos sages avis et dans vos bienveillantes instructions le germe de mes méditations. » Il est certain qu'il a commencé à étudier le magnétisme depuis son arrivée à Paris.

Il est facile de comprendre ce qui l'a amené à devenir magnétiseur. Philosophe par tempérament et par études, doué d'un esprit de fine observation, et passionné pour toutes les nouveautés, surtout celles ayant une teinte mystique, il trouva à son arrivée à Paris tout le monde encore occupé de l'histoire de Mesmer et des miracles de ses disciples. La Révolution n'avait pas encore éclaté. Il y avait exactement neuf ans que Mesmer avait publié son petit mais très célèbre *Mémoire*[1] qui, avec ses cures miraculeuses, l'avait rendu un des personnages les plus en vue de Paris. Mais sa gloire ne fut pas de longue durée : la Commission chargée par le Roi, en 1784,

1. « Mémoire sur la découverte du magnétisme animal », par M. Mesmer, docteur en médecine de la faculté de Vienne. Genève et Paris, 1772. Il consiste en 85 pages in-8° et contient ses vingt-sept fameuses propositions.

de l'examen du magnétisme animal, dans son rapport, signé entre autres par Franklin, Lavoisier et Bailly, condamnait sa théorie comme chimère et sa pratique comme contraire aux bonnes mœurs. Un peu après, la Société Royale de Médecine ajoutait aussi sa voix à celle de la Commission. Mesmer était l'objet de la risée publique; et il quittait la ville à la fin de 1784, après avoir ramassé une grande fortune aux dépens de ses malades et de ses 300 disciples.

Dans la même année, un de ceux-ci, le marquis de Puységur, faisait la découverte [1] du phénomène du somnambulisme provoqué sur un paysan nommé Victor, et cette découverte causait partout un grand retentissement. On pensait que les somnambules étaient doués d'une clairvoyance telle qu'ils pouvaient dévoiler le présent, le passé et le futur; qu'ils allaient diagnostiquer les maladies et indiquer les remèdes nécessaires non seulement à des personnes présentes mais encore à celles qu'ils n'avaient jamais vues. On établissait des sociétés à Strasbourg, à Bordeaux, à Lyon et ailleurs, pour étudier le nouveau phénomène.

Quand Faria arriva à Paris, presque quatre ans plus tard, tout le monde parlait encore de ces faits miraculeux. Est-il difficile d'imaginer que son attention fut tout de suite

1. « Mémoire pour servir à l'histoire et à l'établissement du Magnétisme animal» 1784 et 1785, vol. I, p. 25.

attirée par le nouveau phénomène, lui qui était « avide de connaissances nouvelles » ? Et qu'ainsi il se soit appliqué à l'étude de tout ce qui avait été écrit sur le magnétisme ? A cette époque la matière était peu étendue. Il est beaucoup plus honorable pour Faria d'avoir élaboré sa doctrine et sa pratique par sa propre étude et par sa propre expérience, que de les avoir apportées des Indes ; hypothèse qui, je le répète, ne repose sur aucun fondement sérieux. Toutes ses idées sont nées avec lui. Il ne connaît pas les procédés dont les brahmines usaient aux Indes pour hypnotiser leurs malades : « Ma propre expérience, dit-il, m'a assez appris *pour penser* qu'ils doivent simplement recommander à leurs époptes [1] de s'endormir dans les circonstances où ils ont besoin de leur traitement. [2] » (p. 139) Et il observe : « Ma manière de penser, qui doit paraître paradoxale à toute personne, m'aurait paru telle à moi-même il y a dix ans. » (p. 31)

Il n'est pas facile de fixer la date précise où il commença sa pratique.

La première fois que l'on entend parler de Faria comme magnétiseur, dans un ouvrage d'importance, c'est dans les *Mémoires* de Chateaubriand, publiés après sa mort, en 1843. Le

1. Faria se sert des mots « épopte et concentrateur » au lieu de somnambule et magnétiseur.

2. Le numéro entre parenthèses, précédé de p. indique la page du « De la Cause du Sommeil lucide ».

passage qui se rapporte à Faria fut probablement écrit en 1802, ou tout au moins parle d'un fait qui a eu lieu dans cette année. « Je suis, dit Chateaubriand, un sujet rebelle pour le Swedenborgisme : l'abbé Faria, à un dîner chez M$^{me}$ de Custine [1] se vanta de tuer un serin en le magnétisant : le serin fut le plus fort, et l'abbé hors de lui fut obligé de quitter la partie, de peur d'être tué par le serin : chrétien, ma seule présence avait rendu le trépied impuissant. [2] » Bien que ce passage soit conçu dans un esprit de badinage, il est cependant important ; il prouve que Faria était déjà, en 1802, connu comme magnétiseur dans la haute société de Paris, et qu'il était reçu au moins dans quelques maisons appartenant à cette société. Il n'avait encore développé et perfectionné, ni sa théorie, ni sa pratique. Chateaubriand, comme bon chrétien et comme auteur du *Génie du Christianisme*, qu'il venait de publier la même année, ne pouvait pas admettre les idées de Faria. La pratique du magnétisme était alors confondue avec celle de la magie et de la sorcellerie, et Chateaubriand ne pouvait pas approuver un abbé magnétiseur.

Faria continua ses expériences et sa prati-

1. M$^{me}$ la marquise de Custine, Louise-Eléonore-Mélanie de Sabran, mariée avec Armand-Louis-Philippe-François de Custine, fils du comte de Custine.

2. « Mémoires d'outre-tombe », édité par Edmond Biré, Paris, t. II, p. 302.

que à Paris jusqu'en 1811, quand il partit pour la province comme professeur de philosophie à l'Académie (Lycée) de Marseille. On explique cette nomination de la façon suivante : « Dans la maison de jeu qu'il fréquentait, il fit la connaissance d'un homme qui lui fit obtenir une place de professeur de philosophie au lycée de Marseille. La circonstance est exacte, quelque singulière qu'elle paraisse. » On assure même, qu'avec son mystérieux pouvoir magnétique, il s'était rendu si redoutable dans cette maison « qu'on s'était déterminé à lui faire une pension quotidienne pour qu'il s'abstînt d'y venir jouer. » Qui sait si son ami ne faisait pas une faveur à Faria, et, en même temps une faveur à la maison de jeu, en lui obtenant une place de professeur en province !

Faria resta à Marseille une année, comme « professeur de philosophie. [1] » Pendant son séjour dans cette ville il fut élu « membre de la Société médicale de Marseille. » Comment se fait-il qu'un abbé soit membre d'une société médicale ? Aurait-il présenté quelque mémoire pour son élection ? On ne sait rien à ce sujet au siège de la société. A Marseille, il est presque certain qu'il avait visité, comme tous les autres résidents, le château-fort dans l'îlot d'If, qui était utilisé comme prison de l'Etat, et où Alexandre Dumas a

1. « Almanach impérial », Paris, 1811, p. 708.

placé plus tard, comme prisonnier, son abbé Faria.

De Marseille, Faria passa en 1812 à l'Académie de Nîmes comme « professeur suppléant de philosophie. [1] » Son transfert est attribué à certaines démarches de ses élèves contre le nouveau proviseur. Elles étaient motivées, dit-on, par la déconsidération qu'il avait subie de la part de son nouveau chef à cause d'un de ses sermons.

Faria ne pouvait pas être content de sa nouvelle position qui était inférieure à celle de Marseille. Sa nomination ne pouvait pas être bien accueillie par ses collègues, parce qu'il n'était pas professeur de carrière ; lui, de son côté, ne pouvait pas être satisfait de la vie d'une ville relativement petite, où, comme dans d'autres semblables, tous les pas d'une personne sont connus et toutes les petites faiblesses sévèrement commentées. Accoutumé à la grande et libre vie de Paris, il se décida à quitter Nîmes. On a dit qu'il avait été professeur dans quelques « autres villes du Midi » ; ce n'est pas possible, puisqu'il était à Paris en 1813.

L'auteur de l'article du *Moniteur* raconte deux petites histoires à propos du séjour de Faria à Nîmes : Qu'une femme était morte après avoir été traitée maladroitement par lui, et qu'il avait pris possession d'une église sans

1. « Almanach Impérial » Paris, 1812, p. 745 ; son nom disparaît dans l'édition de 1813.

la permission de l'évêque d'Avignon. En ce qui concerne le premier cas, tout le monde connaît des charges de ce genre, auxquelles aucun médecin n'échappe ; et quant au second, on nous dit que dans la bibliothèque du musée Calvet à Avignon, où sont conservés tous les documents de l'évêché du temps de l'Empire, il n'y en a aucun concernant l'abbé Faria. Il est certain qu'étant docteur en théologie, il n'ignorait pas que la loi canonique défend de prendre possession d'une église sans autorisation. La vérité est que, si un personnage acquiert une célébrité d'une certaine espèce, comme Faria, on lui attribue plusieurs actions qui ne sont pas siennes, mais qui lui conviennent si bien qu'elles auraient dû l'être. Il ne put pas échapper à cette règle. Dans l'imagination populaire tout ce qui était bizarre et romanesque semblait lui convenir.

# CHAPITRE III

1813 à 1816 : Epoque de célébrité. — Retour à Paris : cours raisonné sur le sommeil lucide. Opinions de Noizet et d'Etienne de Jouy. — Un Proverbe par Mme Maugirard. — Caricature. — Critique cléricale : réponse. — Le magnétisme animal devant la religion.

---

Faria fut bientôt dégoûté de la province, aussi bien que du professorat officiel. Il retourna à Paris en 1813, et décida de s'établir professeur pour son propre compte et d'ouvrir un cours public sur la question du sommeil lucide. Avec la permission du préfet de police, il commença, le 11 août, à faire tous les jeudis ses conférences, rue de Clichy nº 49, dans un bâtiment dépendant de l'ancien jardin de Tivoli, et appartenant à M. Butet de la Sarte, un instituteur. Le prix d'entrée était de cinq francs pour chaque séance. Ces conférences attiraient dans son salon la meilleure société de la ville ; elles étaient fréquentées, chaque semaine, par une centaine de personnes, dont la majorité se composait de dames élégantes, qui venaient pour s'amuser et pour chercher de nouvelles sensations ; la minorité de l'assistance était des hommes, dont les uns venaient pour s'instruire et pour admirer la science du professeur, et les autres pour se moquer de lui et faire de piquantes critiques dans leurs gazettes. Le 11 août marque le commencement de la célébrité de Faria : tout le monde parlait de lui, il n'y avait pas un journal qui ne fît paraître des articles soit sur son compte, soit sur le somnambulisme.

Faria faisait son entrée dans le salon de conférences, accompagné d'une espèce de gouvernante et de deux ou trois personnes habituées, sur lesquelles il provoquait le sommeil lucide et faisait ses expériences. Il prenait place sur l'estrade et commençait la séance par la lecture de son manuscrit, d'une manière si obscure et dans un langage si confus que presque personne ne le comprenait. En outre de ses explications métaphysiques, il insistait sur ce point que dans les faits qu'il produisait rien ne venait de lui-même, mais tout dépendait seulement et uniquement de l'organisme et de la susceptibilité du sujet sur lequel il opérait ; il niait, de toutes ses forces, tout fluide magnétique quelconque, et démontrait l'absurdité de la volonté externe et de l'imagination comme causes des phénomènes du somnambulisme, et finalement il affirmait à ses auditeurs qu'il n'y avait ni magie ni sorcellerie dans ses procédés et que tous les phénomènes dépendaient des causes naturelles.

Après ces explications, qui duraient une heure, il continuait par des expériences sur les personnes qui l'accompagnaient. Il les faisait endormir, par « parole » ou par suggestion ; il les paralysait et déparalysait ; il leur causait diverses sensations agréables ou désagréables, il leur donnait de l'eau simple qu'il changeait soit en vin, soit en vinaigre ; il rendait un membre parfaitement insensible et il faisait plusieurs autres expériences scientifiques et thérapeutiques très remarquables[1]. Ensuite il tentait les mêmes expériences sur huit ou dix personnes de l'assemblée. Après les avoir fait asseoir commodément, il leur disait de fermer les yeux et de penser au sommeil, puis soudainement il leur commandait : « Dormez », et « trois fois sur cinq », il réussissait à les hypnotiser en moins d'une minute. Ces expériences, les premières de ce genre, marquent une époque dans l'histoire de l'hypnotisme.

Parmi les personnes qui ont assisté aux conférences de Faria pour s'instruire et pour admirer sa science, celui qui a laissé une description juste et exacte d'une des séances, est le jeune et fort intelligent officier (devenu plus tard le général) Noizet, un élève distingué

1. Voir à ce sujet mon Introduction au « De la Cause du Sommeil lucide ».

d'Arago et d'Ampère[1]. Voici ce qu'il écrit en 1820 :

« Il se trouvait à Paris, il y a peu d'annnées, un homme qui faisait publiquement l'expérience du somnambulisme que je viens de citer. Chaque jour il réunissait chez lui (en 1815) une soixantaine de personnes, et il était rare que sur ce nombre il ne s'en trouvât pas cinq ou six qui fussent suceptibles d'entrer en somnambulisme. Il ne manquait pas de déclarer hautement qu'il ne possédait aucun secret, aucune puissance extraordinaire, enfin qu'il n'obtenait rien que par la volonté des personnes sur lesquelles il agissait. Cependant les effets ne s'en produisaient pas moins. Cet homme, doué à bien des égards d'un esprit supérieur, était l'abbé *Faria.* »

« Tout Paris a pu voir ses expériences. Peu de personnes cependant sont restées convaincues. On l'a flétri du nom de charlatan, et alors tout a été examiné, tout a été dit. Bien des gens ne venaient chez lui qu'une seule fois, persuadés d'avance qu'ils verraient des tours d'adresse, et ils regardaient comme des compères ceux sur qui les expériences réussissaient. »

« S'il arrivait que, dans une société de plusieurs personnes, une d'entre elles éprouvait quelques effets, s'endormait et devenait som-

1. C'est, paraît-il, à l'influence de Noizet, que l'illustre Ampère, l'esprit le plus vaste et le plus universel de son temps, avait accepté les principes généraux du magnétisme animal.

nambule, ce résultat étonnait d'abord ceux qui ne pouvaient douter de sa réalité puis, après, l'impression devenait moins forte, et la puissance du mot *charlatan* était tellement grande que bientôt l'on oubliait tout ce qu'on avait vu et que la personne même qui avait éprouvé ces effets se faisait illusion comme les autres et finissait par croire que rien d'extraordinaire ne s'était passé en elle. [1] »

De tous les critiques celui qui a donné la description la plus gaie, la plus spirituelle et la plus mordante, est certainement l' « Hermite de la Chaussée-d'Antin », pseudonyme de Victor-Joseph-Etienne de Jouy, qui écrivait des feuilletons, sous le titre de « Mœurs parisiennes », dans la *Gazette de France*. Son article [2] écrit pour ridiculiser l'abbé Faria et ses séances est important, parce qu'en guise de badinage et d'ironie il contient quelques expériences scientifiques que l'on ne trouve pas ailleurs. Mais malheureusement pour lui et pour les autres écrivains de son genre, presque tous les phénomènes dus à la suggestion

1. « Mémoire sur le Somnambulisme et le Magnétisme animal », adressé en 1820 à l'Académie royale de Berlin et publié en 1854 par le général Noizet. Il a adressé aussi, en 1884, une lettre sur l'abbé Faria, à M. Jules Claretie, qui l'a publiée, presque entièrement, avec ses commentaires très intéressants, dans le « Temps » du 11 juillet. M. Noizet, ancien magistrat et neveu du général, auquel nous voulons présenter ici nos remerciements, a très aimablement mis à notre disposition une copie complète de cette lettre. Docum. G.

2. Republié dans l' « Hermite de la Chaussée-d'Antin ou Observations sur les mœurs et les usages parisiens au commencement du XIXe siècle ». T. IV, 2e édit., 1814, p. 140. V. Document D.

pendant le sommeil lucide, qu'ils condamnaient comme jonglerie, sont à présent du domaine scientifique. Faria ne peut être tenu pour responsable de ce que le public ne l'ait pas compris. Plus l'attaque était furieuse, plus il mettait naturellement de souci et de fanatisme à défendre sa doctrine, et à insister sur la vérité des faits qu'il présentait.

« Il était naturel, dit Faria, que des rédacteurs de journaux s'occupassent de la critique d'un phénomène qui semble confondre la raison humaine, alors surtout qu'ils manquaient de sujets pour remplir leurs longues feuilles. Mais leur entretien sur mon compte, n'étant surtout qu'un tissu de calomnies et d'insultes, qu'avait-il de commun avec les phénomènes du sommeil lucide ? En lisant parfois quelques-uns de leurs articles qui me concernaient, je crus réellement me trouver parmi des hordes sauvages, plutôt que sur un sol où germe la politesse française. Ils avaient oublié qu'en voulant faire des littérateurs ils avaient pris l'attitude de gladiateurs. La sottise ne mérite pas de réponse. (p. 9) Et plus loin il ajoute : « Nous nous attendons à passer pour visionnaire et enthousiaste même dans l'opinion de ceux qui s'occupent du sommeil lucide ; mais sans nous inquiéter de ce qu'on pourra dire, nous remplirons toujours la tâche d'être véridique, en rapportant fidèlement ce que nous avons provoqué dans les époptes et ce que toute personne qui les soigne peut en obtenir facilement. » (p. 111) Les critiques et le public en général, de son côté, n'avaient pas tort de condamner les magnétiseurs, parce qu'en dehors des personnes de bonne foi, comme Faria, de Puységur et Deleuze, il y en avait plusieurs autres qui étaient des charlatans effrontés, exploitant sans honte le public.

Le feuilleton d'Etienne de Jouy causa une grande commotion dans le camp des magnétiseurs, parce que son auteur, qui avait les fonctions et les émoluments de censeur, ce doyen des critiques de son temps, sans exagération, ce littérateur que l'Académie admit peu après, ridiculisait non seulement l'abbé mais aussi le magnétisme. Comment se défendre de ses attaques ? Faria défendait sa doctrine dans ses conférences, et ne publiait rien ; mais les magnétiseurs n'étaient pas du même avis. Comme aucun journal quotidien ne prenait leur défense, une brochure[1] anonyme fut publiée, et cette brochure attribuée à Béale, a cela de curieux qu'en prenant comme texte un passage de la *Gazette*, du commencement à la fin, elle n'a pas fait mention du nom de Faria. La raison en est très simple : il est vrai que les magnétiseurs admettaient ce qu'ils dénommaient « la puissance magnétique de Faria », mais ils le considéraient, par sa doctrine, par ses opinions, comme un athée dans l'église du magnétisme animal. Comment ?

1. « Somnambulisme : Supplément aux journaux dans lesquels il a été question de ce phénomène physiologique ». Paris, 1813. V. les lettres, pp. 32 et 75.

Nier le fluide magnétique de Mesmer et de ses disciples, Puységur et Deleuze, c'était plus qu'une hérésie. Les *Annales du Magnétisme animal* par Lausanne et Du Common ne faisaient aucune mention de Faria ; tous les magnétiseurs faisaient cause commune avec les antimagnétiseurs, et le traitaient de charlatan. On le laissait se débrouiller de ses difficultés le mieux qu'il pouvait. Avec un indomptable courage, provenant de la profonde conviction de la vérité de sa doctrine, il continuait, malgré tout, à faire ses conférences, tous les jeudis.

Un personnage si en vue ne pouvait échapper, ni au sarcasme du théâtre, ni au crayon du caricaturiste. Mme Victorine Maugirard publiait la *Mesméromanie*, [1] pour démontrer que : « Tant va la cruche à l'eau qu'à la fin elle se casse. » Cette pièce n'a pas l'importance de celle qui devait paraître trois ans plus tard ; elle ne contient aucune allusion personnelle à Faria, quoique quelques critiques aient lié son nom avec elle.

La caricature [2] est importante parce qu'il n'existe pas de portrait authentique de Faria ;

1. « La Mesméromanie », proverbe en un acte et en prose, dans les « Soirées de Société », par Mme Victorine M..., dédiées à S. M. la reine Hortense, Paris, 1813, t. II, p. 157.

2. « Caricatures », temps de Louis XIV à Louis XVIII. t. X, an. 1812 à 1813, no 30, dans la Bibliothèque Nationale Estampes). V. Document J.

elle représente Faria montant un cheval très maigre, et ayant des éclairs partant de sa tête. Elle a pour titre : « M. Réquiem, fameux médecin qui a guéri tous les morts », et est en grand in-quarto, en noir. Avec cette estampe et avec la description de sa personne qu'on trouvera plus loin, on peut se faire une idée plus ou moins précise de sa physionomie. Il y a des portraits de Faria dans diverses publications populaires, comme par exemple dans les *Mystères des Sciences occultes*, mais ils ne sont pas authentiques.

Le magnétisme et par suite un abbé magnétiseur devaient forcément être l'objet de la critique cléricale. Je mentionnerai seulement deux productions de cette source. En 1815, l'abbé Fustier, grand vicaire de Tours, publiait les *Mystères des magnétiseurs et des somnambules dévoilés aux âmes droites et vertueuses*, par « un homme du monde », dans lequel il dit que le somnambulisme et le magnétisme sont surnaturels et diaboliques, antichrétiens, anticatholiques, antimoraux, et les mystères qu'il dévoile obligent ceux qui veulent être initiés dans le magnétisme, de renoncer au Christ et marcher sur le crucifix, et que le magnétiseur par cela seul reçoit son pouvoir directement de l'Ange des ténèbres. En 1817, l'abbé Wurtz, vicaire de Saint-Nizier, à Lyon, publiait à Lyon *Les Superstitions et prestiges des philosophes du*

XVIIIe *siècle, ou les Démonolâtries du siècle des lumières*, par « l'auteur des *Précurseurs de l'Anti-Christ* ». Le titre seul de ce livre suffit pour démontrer son but et sa valeur. Son auteur est convaincu que le magnétisme est la *suite naturelle* de la magie noire.

A chaque occasion Deleuze publiait une lettre pour défendre le magnétisme de ces attaques, et d'autres défenseurs encore ne faisaient pas défaut.

Aux critiques de ce genre Faria répond : « L'Evangile, certes, n'avait pas le but d'instruire les hommes dans les sciences naturelles. » (p. 128) C'est le vulgaire qui croit « qu'un effet naturel qui étonne ne peut provenir que d'une cause compliquée : le savant qui veut en instruire d'autres ne doit pas ignorer que la marche de la nature est toujours simple, et que toutes ses productions ne cessent d'être merveilleuses aux yeux de l'homme que dès qu'elles deviennent ordinaires. » (p. 41) Et il ajoute : « Une découverte qui doit faire époque dans les annales humaines, exige, pour être appréciée à sa juste valeur, des forces plus que communes dans les juges et dans leurs délégués. » (p. 20)

En ce qui concerne la question du magnétisme animal, par rapport à la religion catholique, je ne citerai que deux auteurs. Bouvier, dans la première édition de son ouvrage,

*Institutiones theologicæ*, publié en 1834, quinze ans après la mort de Faria, dit : « Si l'on poursuivait des effets (du magnétisme animal) entièrement disproportionnés, qui ne pourraient évidemment avoir aucune connexion avec les *causes naturelles*, alors ou ces effets seraient vains, ou viendraient du *démon par un pacte implicite*. [1] » Il ne dit pas qui doit juger si les causes sont ou non naturelles, si ce sont des abbés comme Fustier et Wurtz, qui ne connaissaient rien de la science du magnétisme animal, ou si ce sont des savants comme Deleuze et Faria, qui avaient consacré une grande partie de leur vie à son étude. Dernièrement, après avoir examiné la question à fond, dans un ouvrage très intéressant, le R. P. Marie-Thomas Coconnier arrive à la conclusion suivante : « L'hypnotisme franc n'est pas, de soi, diabolique ; l'hypnotisme franc n'est pas malfaisant ; l'hypnotisme franc est permis quelquefois. [2] » Or, il n'y a absolument aucun doute que c'est l'hypnotisme tout à fait franc que l'abbé Faria a étudié ; c'est lui qui a, le premier, établi ses bases, dépourvues de toute influence qui ne soit pas *naturelle* ; c'est lui qui a délogé l'Ange des ténèbres de la place forte qu'il occupait depuis tant de siècles.

1. « Si intenderentur effectus omnino disproportionnati, qui cum naturalibus causis nullam evidentur habere possent connexionem ; nam tunc aut forent inanes, aut a diabolo per implicitum pactum procederent. » T. V, p. 122.
2. « L'Hypnotisme franc », 2e éd. Paris, 1898, p. 430.

## CHAPITRE IV

1816 à 1819 : Epoque d'amertume : La visite de M. Potier. — *La Magnétismomanie*. — Une autre caricature. — Les conférences cessent : Indigence et mort. — Où est-il inhumé ?

---

Malgré toutes les critiques, malgré tous les sarcasmes et malgré toute la raillerie et la plaisanterie, les conférences de Faria continuèrent à être bien fréquentées jusqu'au milieu de 1816, quand un beau jour il reçut la visite, dans son salon, de M. Potier, un acteur bien connu et de grand mérite, qui exprima le désir de devenir son adepte et disciple. Après avoir capté la confiance du professeur, qui tomba dans le piège comme un enfant, il feignit le sommeil lucide, et puis tout à coup s'écria en s'éveillant : « Eh bien ! Monsieur l'abbé, si vous magnétisez tout le monde comme moi, vous ne faites pas grand'chose. » L'affaire s'ébruita, et le pauvre abbé fut considéré plus que jamais comme un grand imposteur, un grand jongleur. Potier fit écrire par Jules Vernet une pièce de théâtre, la *Magnétismomanie*, se réservant à lui-même le caractère de Faria ou « Soporito ». Je reproduis cette pièce satirique [1] parce qu'elle a disparu complètement de la circulation courante ; qu'elle contient sous une forme de plaisanterie et d'ironie quelques traits de Faria, et quelques allusions à ses expériences, qui sont utiles pour se former une idée de sa personne, de son caractère et de sa doctrine ; qu'elle démontre, une fois de plus, de quelle façon sont ridiculisées et huées les personnes qui veulent nous apprendre une vérité nouvelle ; et finalement parce que tout ce qui se rapporte à un personnage dont le nom est si répandu est intéressant.

La *Magnétismomanie*, comme pièce littéraire, n'a pas grand mérite ; tous les critiques sont d'accord sur ce point ; on a même pensé que Potier lui-même était son auteur, si bien qu'il écrivit une lettre dans laquelle il désavouait cet honneur.

Le sujet de cette pièce est fort simple. Le voici en résumé : Léon, étudiant en médecine et fils du docteur Lafosse, est amoureux de Cécile, la fille unique de Soporito, le grand magnétiseur, dont « la fortune est fort modeste mais qui jouit d'une réputation colossale. » Il feint une insomnie et vient à l'hôtel de la Grâce de Dieu, à Saint-Maur, où Soporito a

1. V. Document H.

ouvert une salle de consultation. Comme la somnambule à gages qui devait être présente est si bien endormie par son confrère de la Chaussée-d'Antin, qu'il y a quinze jours qu'il ne peut plus la réveiller, Soporito se voit forcé de mettre son client Léon en rapport avec Cécile. Le résultat est, que Léon déclare à Soporito qu'il est amoureux de sa fille, et que, s'il refuse de la lui accorder, il va exposer toute l'imposture du somnambulisme. A ce moment arrive le docteur Lafosse, une violente discussion s'engage, mais tout finit par l'union des jeunes gens. Il y a dans la pièce quelques jeux de mots et plusieurs lazzis.

Voici quelques exemples. « Soporito a déjà rendu la vie à Saint-Maur. — Comment, à cinq morts ! » Il y a sur le théâtre un large fauteuil où Soporito fait asseoir ses malades ; ce fauteuil a, dit-il, une vertu narcotique indépendante du fluide ; « il l'a acheté au portier de l'Académie. » L'élève magnétiseur observe : « — Vous étiez si pressé hier que vous ne l'avez éveillée que de l'œil droit. » Et Soporito répond : « — C'est une gaucherie, j'en conviens, j'en ai tant dans la tête. »

Pour concilier Lafosse, Soporito dit : « Je vous rends au grand complet, votre fonds d'incurables ; et, pour vous prouver mon désintéressement, je vous céderai même, en toute propriété, une grande partie des malades que j'ai commencés à ma manière, et que vous achèverez à la vôtre ». Et « quand il s'agit de faire ses affaires, il ne faut pas s'endormir. »

Le quatrain suivant, plein d'ironie, est, dans une certaine mesure, prophétique :

Ah ! la rare science,
Ce prodige nouveau,
Doit illustrer en France
Le grand So... porito.

Mais quel que soit le mérite littéraire de la pièce, tous sont unanimement d'accord pour affirmer qu'elle était très bien représentée au théâtre. Potier, surtout, était superbe dans son rôle : costumé en demi-abbé, il imitait, à la perfection, la couleur, la manière d'être, la diction, et tous les menus traits de Faria. La foule, qui avait une certaine crainte de l'abbé, croyant qu'il était doué d'un pouvoir extraordinaire et surnaturel, était ravie de pouvoir profiter de l'occasion de se moquer de lui, de rire à ses dépens ; elle courait au théâtre et applaudissait Potier, c'est-à-dire, raillait l'abbé.

Le 5 septembre 1816, date de la première représentation de la *Magnétismomanie* au théâtre des Variétés, est la seconde fois où tout Paris parla de Faria ; il est aussi le commencement de son époque d'amertume.

C'est le *Journal des Débats* qui fit la meilleure critique du vaudeville et abîma le plus Faria. Rien, du reste, dans cet article ni dans d'autres sur le même sujet, ne mérite d'être enregistré aujourd'hui, si ce n'est la remarque faite dans l'un d'entre eux, que le plus grand crime de Faria était de « nous avoir valu une foule de brochures et d'articles des journaux, tous plus soporifiques les uns que les autres. » C'est parfaitement vrai. Il existe beaucoup d'écrits de cette époque, soit en faveur du magnétisme, soit contre lui, qui sont vraiment monotones. [1]

Le grand mérite de l'auteur de la *Magnétismomanie* consiste d'avoir créé un nouveau type au théâtre français, le type de ce « mystérieux abbé aux traits amaigris » (Claretie), qui a reparu plus tard dans le drame *Monte-Cristo.*

Faria se réfère à ce vaudeville dans la préface de son livre, de la manière suivante : « Je ne sais pas si l'auteur de la trop célèbre *Magnétismomanie* avait publié sa production pour exprimer son opinion d'incrédulité, ou pour répondre à l'aiguillon d'une spéculation lucrative. Quoi qu'il en soit, je dois le prévenir ainsi que le directeur et les acteurs, qu'ils sont aussi l'objet de mon travail. Ils ont besoin de savoir que ce qui est intrinsèquement une affaire d'importance, ne peut pas être un sujet d'amusement public.... Si mon état ne me l'eût pas défendu, j'aurais même ajouté à la *Magnétismomanie* une nouvelle scène extrêmement piquante : c'était d'endormir sur la scène même quelqu'un des acteurs, qui, par sa propre expérience, connaissait déjà le poids et la valeur du mot

1. Pour la bibliographie, voir « Les Annales du Magnétisme animal », 1814 vol. I, p. 36 à 48.

*dormez*, et d'accompagner ce sommeil d'une violente convulsion, qui l'aurait forcé de se rouler sur la scène en désorienté. » (p. 20)

De cette époque aussi, il y a une caricature [1] in-folio, en couleur, qui représente Faria en poupée dans un théâtre de marionnettes. Elle a pour titre : « Le Grand Charlatan (dit) : Cassez-vous les bras, les jambes, moi avec mon remède je m'en moque. » Dans cette estampe, la figure de Faria n'est pas si bien dessinée que dans celle de 1813.

Faria se défend de tous ses railleurs avec dignité. « Peu jaloux, dit-il, de l'approbation des hommes si inconstante et si versatile dans les principes qui la règlent, je ne chercherai (dans l'exposition de ma doctrine) qu'à être d'accord avec ma conscience, qui seule dirige ma conduite. » (p. 21) Il ne veut se défendre que contre les attaques qui concernent sa doctrine, et non contre celles concernant sa personne : « Ces dernières, dit-il, se trouvent pleinement réfutées par mon silence sur le compte de mes agresseurs. » (p. 109)

Après juillet 1816, ses séances tombèrent dans le ridicule, qui anéantit tout, surtout à Paris. Dénigré par la presse, hué sur le théâtre, méprisé par ses collègues du magnétisme et par ses collègues ecclésiastiques, il fut obligé

1. « Caricatures populaires », 1816, t. I, p. 5. Bibliothèque Nationale (Estampes). V. Document K.

de fermer son salon de conférences. Sa recette cessa; il tomba dans l'indigence, et « se trouva heureux d'aller cacher sa défaite dans un pensionnat de demoiselles, de leur servir d'aumônier, et de leur dire la messe. [1] » Mais philosophe comme il était, il fait cette observation qu' « Il est des maux qui parfois font beaucoup de bien à ceux qui savent en connaître l'utilité. » Les attaques contre sa doctrine l'obligèrent à écrire son livre : *De la Cause du Sommeil lucide*. « Sans cet aiguillon, dit-il, qui pique vivement mon honneur, je me serais condamné à me taire sur la cause du sommeil lucide, persuadé que je n'ai rien à enseigner dans une ville où j'ai tout à apprendre. » (p. 109)

C'est pendant la publication du premier volume de son ouvrage qu'il succomba à une attaque d'apoplexie foudroyante, le 20 septembre 1819, âgé de 63 ans et 4 mois. Sa mort a été attribuée au chagrin provoqué chez lui par les sarcasmes de la *Magnétismomanie ;* mais il n'en est rien, car il a vécu trois ans encore après les premières représentations. C'est plutôt le travail « aussi pénible qu'ennuyeux » exigé par son ouvrage, qui a précipité sa mort.

Les actes de décès de cette époque ont été brûlés en 1871 ; mais sur le Registre

1. Louis Figuier : « Histoire du merveilleux dans le temps moderne », 3e éd. Paris, 1881, t. IV, p. 303.

des convois de l'église Saint-Roch, on lit la note suivante : « Le 21 septembre 1819, convoi n° 6[1] de M. Joseph Custodio de Faria, professeur de philosophie, décédé le 20 septembre, âgé de 64 ans, rue des Orties, n° 4.[2] » On ne sait pas exactement où il est inhumé. Il est probable, pourtant, que c'est au cimetière Montmartre, lieu d'inhumation de la paroisse Saint-Roch depuis 1798. Ce cimetière ne possède aucun registre antérieur à 1825. Mais qui sait si un beau jour on ne retrouvera pas l'endroit exact de l'inhumation de Faria, le père de la doctrine de la suggestion, de même que M. le général Horace Porter a trouvé celui de Paul Jones, « le père de la marine américaine », personnage qui avait, lui aussi, mérité l'attention d'Alexandre Dumas ?

1. C'est-à-dire convoi gratuit, la messe exceptée.

2. Cette rue a disparu complètement ; elle commençait à la rue Argenteuil, n°s 28 et 30, traversait l'actuelle avenue de l'Opéra et finissait à la rue Sainte-Anne, n°s 19 et 21. L'emplacement du n° 4, où Faria est mort, correspond, plus ou moins, à l'immeuble n° 9 de l'avenue de l'Opéra, qui, par une coïncidence curieuse, porte, entre autres, l'enseigne « Je sais tout », comme si l'esprit du savant et mystérieux abbé y résidait encore !

# CHAPITRE V

Caractère. — Etait-il charlatan ? — Son ouvrage : *De la Cause du Sommeil lucide*. — Ses disciples. — Sa place dans l'histoire et développement du magnétisme animal : il est le seul et le véritable fondateur de la doctrine de la Suggestion en hypnotisme.

---

Voici comment Faria est jugé par un de ses contemporains :

« La perte de l'abbé Faria fut vivement déplorée par les adeptes et les candidats à l'initiation des mystères des successeurs de Mesmer. L'abbé Faria possédait, il faut en convenir, les qualités essentielles pour bien jouer son rôle, il était remarquable par la vivacité et l'originalité de sa physionomie, d'ailleurs assez régulière et agréable, malgré sa couleur malabare ; il avait l'œil vif et pénétrant, le regard fin et scrutateur, le débit facile, il s'exprimait assez bien en français, quoique avec un accent étranger. Mais ce qui était plus précieux encore pour un professeur de magnétisme, c'était le don d'assurance et l'imperturbable maintien qui caractérisait ce charlatan. Malgré le nombre de ses prôneurs, il mourut dans un état voisin de l'indigence, et quelques personnes qui étaient liées avec lui pensent qu'après avoir trompé les autres il avait fini par se faire illusion à lui-même sur le prétendu magnétisme animal. [1] »

Faria était-il un charlatan ? Qu'est-ce qu'un charlatan ? Nous examinerons cette question un peu en détail.

Littré définit le charlatan comme un empirique qui prétend posséder certains secrets merveilleux, ou comme un de ceux qui exploitent la crédulité publique, soit en science, soit en religion, soit en politique.

Faria ne prétendait posséder aucun secret ; au contraire, il ne s'attribuait dans ses expériences aucun pouvoir personnel ; il exposait sa doctrine sans aucune réserve ; il attribuait tous les phénomènes du sommeil lucide à des causes naturelles ; il établissait, en un mot, la doctrine moderne de la suggestion. Il est donc évident qu'on ne peut pas l'attaquer du côté de ses secrets. Son grand tort, selon quelques-uns de ses critiques, est d'avoir donné des séances payantes. Nous voudrions savoir si toute la science est et a été toujours débitée gratuitement ? Si c'était exploiter le

1. « Biographies universelles des Contemporains », par Rabbé, Paris, 1834, t. II, p. 1833.

public que de demander cinq francs pour l'entrée de conférences faites une seule fois par semaine et fréquentées par cent personnes, au plus ? Une autre accusation contre lui est qu'il vulgarisait la science. Est-ce qu'on vulgarise moins une science en donnant des conférences publiques et gratuites, sans distinction de personnes, comme le faisait le docteur Bertrand, à partir de 1819, et contre lequel personne n'a jamais soufflé un seul mot ? Il n'y a aucune raison de traiter Faria de charlatan.[1]

Mesmer, le prédécesseur de Faria, avait demandé et obtenu de chacun de ses 300 disciples, 100 louis pour apprendre son « secret » avec condition de ne le divulguer à personne. Berthelot, un de ses disciples, avait exposé que le secret de Mesmer était un mythe, une chimère : et Etienne de Jouy a conservé le joli mot de Doppat, qui disait : *Ceux qui savent notre secret en doutent plus que ceux qui l'ignorent*. Mais on a voulu dégager Mesmer lui-même de l'accusation de charlatanisme : « Il serait cependant injuste, dit le docteur L. Hahn[2], d'accuser de charlatanisme un homme qui a réellement fait connaître une vérité originale et importante. » Ce qui

1. Le savant prêtre n'était pas assez charlatan pour résister à la critique et aux moqueries des incrédules : Professeur Crocq dans son « Hypnotisme scientifique, 1re éd., Paris, 1896, p. 6. Faria n'est pas un charlatan : Professeur Vires dans le « Nouveau Montpellier médical, 8 septembre 1901, p. 300. — V. aussi « Hypnotisme, Suggestion et Psychothérapie par le Dr Bernheim, 2e éd. Paris, 1903, p. 87.
2. Article *Mesmer* dans la « Grande Encyclopédie ».

serait injuste pour Mesmer, le serait dix fois plus pour Faria.

Mais en admettant, même comme hypothèse, que Faria était vraiment un charlatan, est-ce une raison suffisante de lui disputer le grand mérite de la paternité de la doctrine de la suggestion ? Si la moralité publique d'un auteur était la base de l'appréciation de ses productions scientifiques, nous serions souvent obligés de supprimer certains de nos livres importants.

Si Faria n'était pas un charlatan, sa conduite, comme professeur d'un cours public sur le magnétisme animal avec des expériences pratiques, était-elle irréprochable ? Non, certes ; mais pour des raisons toutes différentes de celles que lui reprochaient ses contemporains et même des écrivains postérieurs à son époque. Prêtre, il eût agi prudemment en réservant ses expériences à un cercle choisi et limité, si bien que dans ce cas il n'eût pas acquis l'expérience suffisante pour établir sa doctrine, et il n'eût pas pu trouver le choc des idées si nécessaire pour éclaircir une vérité ; philosophe, il avait le droit et même le devoir d'examiner de près la question du somnambulisme ; et, membre d'une société médicale très importante, il avait plus de raisons pour pratiquer l'hypnotisme que ses collègues Puységur et Deleuze. Mais, prêtre, philosophe ou médecin, l'exhibition publique des phénomènes du somnambulisme a l'inconvénient d'exposer les spectateurs à un certain danger : de causer une épidémie d'hystérie parmi les personnes susceptibles. Le public d'alors, quelques esprits d'élite exceptés, tels que Lombard aîné [1], ne comprenait pas cette influence nuisible. On attaquait Faria comme un imposteur, un jongleur, un charlatan ; on n'admettait pas les faits qu'il présentait, et ceux qui les admettaient les attribuaient à la magie et à la sorcellerie. Faria, naturellement, se refusait à se soumettre aux opinions de critiques de ce genre. Si on l'eût attaqué sur la moralité de ses séances, il est certain qu'il les eût abandonnées tout de suite ; mais, malheureusement, le public a toléré l'exhibition de l'hypnotisme, pour la délectation de la foule, pendant plus de soixante-dix ans après la mort de Faria ; ce n'est qu'en 1892 qu'on a défendu les séances publiques dans les cafés chantants et dans les autres lieux d'amusement à Paris.[2] On ne peut pas demander que la conscience d'une personne privée soit plus avancée et plus méticuleuse que celle du public, surtout d'un enthousiaste qui est absolument convaincu que sa doctrine va faire « une époque dans les annales humaines. »

Un autre inconvénient de faire des séances publiques d'hypnotisme, c'est que quelques personnes peu scrupuleuses peuvent appren-

1. « Les dangers du Magnétisme animal » par Lombard, Paris, 1819.

2. « Revue de l'Hypnotisme », t. VI, 1892, p. 27.

dre les méthodes d'endormir et les employer dans des buts malhonnêtes. et c'est pourquoi Faria donne, en 1819, les explications suivantes : « Je regrette sincèrement, et je le dis avec franchise, d'avoir montré indistinctement la facilité de provoquer le sommeil lucide. Tout le monde s'en mêle, comme d'un objet de récréation, sans connaître les graves dangers qui y sont attachés. Je n'avais pas encore fait la découverte de tous les écueils dont cette carrière est hérissée ; je suivais les lumières fausses de ceux qui m'avaient dénoncé ; et le mal était fait avant moi, par la publication des méthodes d'endormir, quoique peu exactes, mais toujours suffisantes. » (p. 8) Il n'y a aucune raison de douter de la bonne foi de Faria ; il est certain qu'il n'était pas plus responsable des mauvaises applications de ses méthodes que Charcot ne l'était, après ses célèbres conférences de la Salpêtrière, de l'établissement de plus de cinq cents maisons de somnambules à Paris, et de milliers d'autres dans le monde entier. Un homme de science ne peut pas protéger le public contre le mauvais usage que l'on peut faire de sa découverte ; c'est la loi qui doit lui rendre ce service, mais, malheureusement, les législateurs, dans tous les pays, sont bien lents à accepter les vérités médicales et sanitaires, et, quand ils les acceptent, ils introduisent tant de réserves dans les lois, ils donnent tant de discrétion aux autorités exécutives, qu'il n'est pas rare que le résultat pratique de ces lois soit presque nul.

Le portrait le plus exact que nous ayons de Faria est celui que nous donne le général Noizet : « En 1816, dit-il, c'était un grand et beau vieillard, les cheveux noirs à moitié grisonnants, le teint bronzé, la figure allongée, le nez busqué, les yeux grands et brillants, une espèce de belle tête de cheval, comme je me dis alors ; j'appris qu'il était Indien-Portugais. »

Comme prêtre, il est clair, d'après ce que nous avons déjà dit, qu'il n'était pas en odeur de sainteté auprès de ses collègues. L'étude du magnétisme était considérée comme antichrétienne et antimorale ; mais il est très évident, d'après l'ouvrage de Faria, que sa foi était ferme et inébranlable ; tous ses arguments sont contre les matérialistes et contre les athées ; il se refuse à confondre, comme quelques auteurs, les extases de Jeanne d'Arc et de sainte Thérèse avec l' « intuition » des somnambules : il insiste sur ce point qu'il existe une grande distance « entre le sceau des prophètes et des miracles, et des phénomènes du sommeil lucide, et de la catalepsie. »(p. 129) Il paraît même que son étude du magnétisme avait fortifié sa foi.

Faria n'était guère doué pour la parole, quoique Rabbé dise qu'il avait « un débit facile » ; son langage était embarrassé, au moins en français, et sa prononciation, lente et difficile ; mais, en revanche, il avait la facilité d'apprendre les langues, et il connaissait entre autres le grec moderne. Dans ses manières il était simple comme un enfant, pas assez adroit, même s'il le voulait, pour duper le public. Observateur de premier ordre, son éducation scolastique et sa carrière comme philosophe, le rendaient très fort dans ses arguments. Ses adversaires eux-mêmes rendent hommage à son savoir, à ses connaissances philosophiques et historiques.

Son ouvrage, *De la Cause du Sommeil lucide*, avait été divisé en quatre volumes, dont un seul a paru un peu après sa mort. Il est dédié au marquis de Chastenet de Puységur, qui ne dit pas un seul mot concernant Faria dans son ouvrage *Du Magnétisme animal*. Il n'est pas difficile d'en deviner la raison : c'est Faria qui a donné le coup de grâce au fluide magnétique et à « la volonté externe. »

La seule critique de cette époque que nous ayons trouvée de l'œuvre de Faria est faite par le baron Henri de Cuvillers dans ses *Archives du Magnétisme animal*[1] ; elle est bien juste : « le volume, dit-il, renferme des raisonnements remarquables, et la doctrine n'offense pas autant la raison et le bon sens que le font la plupart des écrits de certains magnétistes. » Il faut remarquer que le nom de Faria est

1. V. Document F.

mentionné, dans une revue du magnétisme, seulement après son décès !

Le style du livre de Faria est très lourd ; son œuvre exige de l'étude. Il aurait certainement augmenté sa réputation en acceptant l'offre généreuse de Noizet de corriger son manuscrit ; mais il était entêté. Deux raisons principales ont empêché fort longtemps sa doctrine de percer dans le monde scientifique : d'abord l'extrême rareté de son livre, dont l'édition était paraît-il, très limitée, et le mauvais style dans lequel il s'exprime. Il y manque la grâce et la lucidité qu'on est accoutumé à trouver d'ordinaire dans les écrivains français.

A côté de faits importants et d'observations fines et remarquables, on trouve dans son livre, comme il est facile de le comprendre, quelques opinions qui ne sont pas acceptables ; il ne pouvait pas s'affranchir totalement des idées de ses contemporains ; mais son étude est assez importante pour le placer parmi les observateurs de premier ordre. Un livre de science, comme celui de Faria, perd ordinairement sa valeur après une vingtaine d'années ou même moins ; mais ce qui fait le mérite du sien, c'est que, tout inachevé qu'il est, il a attiré plus d'attention dans le dernier quart du siècle qu'au moment de sa publication.

Les premiers disciples de Faria, et les plus connus, sont le général Noizet et le docteur Bertrand. Quand Faria était abandonné par tout le monde, Noizet dit : « Seul peut-être de tout Paris, je me suis donné la peine d'écouter et d'entendre l'abbé Faria ; je me suis convaincu de sa bonne foi, et j'ai reconnu qu'il avait souvent raison. Je n'ai point hésité à admettre une partie de ses idées [1] » ; et c'est Noizet qui a converti Bertrand aux opinions de Faria. Tous les deux niaient l'existence du fluide magnétique, mais le premier attribuait le phénomène du somnambulisme à un « fluide vital » et le second à une forme particulière d'exaltation nerveuse, qu'il désignait sous le nom « d'extase ». Leurs théories sont tout à fait différentes de celle de Faria.

L'abbé Faria est le seul et le véritable fondateur de la doctrine de la suggestion ; il est le père de l'Ecole de Nancy. Voici le *résumé et les observations finales* de mon introduction à son livre, qui peuvent aussi servir de conclusion à ce chapitre :

« Il est évident, d'après tout cet exposé, que Faria est le premier :

*A nier l'existence du fluide magnétique ;*

*A attribuer les phénomènes du somnambulisme à la condition anémique et à l'impressionnabilité psychique du sujet hypnotisé ;*

1. *Op. cit.*, p. 212.

*A découvrir le procédé suggestif ou psychique pour provoquer le somnambulisme ;*

*A pratiquer le même procédé suggestif pour faire cesser l'état somnambulique et le dédoublement de la personnalité ;*

*A observer et décrire quelques symptômes nouveaux ;*

*A soutenir l'opinion que le sommeil ordinaire et le sommeil lucide sont, avec quelque réserve, de la même nature :*

*Et à proposer une théorie psychologique pour expliquer les phénomènes du somnambulisme.*

Il est aussi le premier :

*A donner des suggestions expérimentales et thérapeutiques d'une manière vraiment extraordinaire ;*

*Et à faire quelques autres observations très originales.*

Quand on apprécie les études remarquables du savant abbé, on ne peut que regretter, avec le professeur Pitres, qu'il n'ait pas vécu assez longtemps pour compléter son ouvrage.

Liébeault, comme nous avons vu, a suggéré

le mot *Fariisme* pour indiquer les manifestations « les plus relevées » dans l'état hypnotique. Si on nous demandait une définition du *Fariisme* nous dirions simplement : c'est la *doctrine de la suggestion*, car, Faria est le seul et le véritable fondateur de la doctrine de la suggestion en hypnotisme.

Paul Janet définit la suggestion : « l'opération par laquelle, dans le cas d'hypnotisme, on peut être dans certains états de veille à définir ; on peut, à l'aide de certaines sensations, surtout à l'aide de la parole, provoquer dans un sujet nerveux bien disposé une série de phénomènes plus ou moins automatiques, le faire parler, agir, penser, sentir, comme on le veut ; en un mot, le transformer en *machine.* [1] » Cette définition paraît avoir été donnée par le savant psychologue pour exprimer et préciser les idées et les observations de Faria.

Pendant les dernières années de sa vie, Faria avait été abreuvé d'amertume à cause de sa doctrine. Les magnétiseurs du jour le méprisaient comme un athée détestable dans leur église. Ils ne faisaient pas même mention de son nom dans leurs publications ; et le public le considérait comme un charlatan [2].

1. De la suggestion dans l'état d'hypnotisme. « Revue politique et littéraire », 26 juillet 1884, p. 102.

2. C'est seulement depuis 1887, grâce aux ouvrages des Drs Bernheim et Gilles de la Tourette, deux illustres représentants de deux Ecoles distinctes, qu'on a commencé à rendre justice à la personne et à l'œuvre de Faria.

Faria était, sans nul doute, un athée, « un ennemi qui avait porté dans le champ des magnétiseurs le ravage et la désolation. » (p. 5) Sa réputation scientifique se base sur cette circonstance : mais ce n'était pas un charlatan. Un homme qui présente une vérité, qui établit les bases d'une doctrine qui constitue « une des grandes conquêtes scientifiques du siècle », qui découvre « une méthode thérapeutique d'une importance extraordinaire », ne peut pas être un charlatan. C'était un philosophe, aussi bien par le tempérament que par les études ; c'était, selon M. Jules Claretie, « un homme savant, plein de foi. »

Faria demande dans son livre, des juges compétents pour apprécier le mérite de sa découverte. Ces juges [1] il les a trouvés dans les hommes de science dont nous avons cité les opinions. « Sa doctrine était vraie » : elle a fait époque dans les annales humaines. « L'avenir lui a réservé une revanche éclatante. »

1. Brown-Séquard, Dr Liébeault et Gilles de la Tourette, et professeurs Pitres, Crocq, Vires et Bernheim.

# CHAPITRE VI

**L'abbé Faria du roman *Monte-Cristo*.— Explication de la légende. — Si Dumas a connu personnellement l'abbé Faria. — Faria comme un des caractères dans le drame *Monte-Cristo*. — La célébrité du nom Faria. — Deux vœux pour terminer.**

---

La célébrité du *nom* de l'abbé Faria est due à Alexandre Dumas, le romancier et auteur dramatique le plus fécond et le plus populaire de France, et elle a commencé avec la publication, entre 1841 à 1845, du *Comte de Monte-Cristo*, le plus populaire, le plus long et peut-être le meilleur de tous ses romans d'aventures. Tout le monde connaît ce merveilleux ouvrage d'imagination, dans lequel l'abbé Faria est fait prisonnier d'Etat au château d'If depuis 1811, et dont la tête a tourné vers la fin de 1813. On le croit fou parce qu'il offre au gouvernement des millions, qu'il avait enfouis dans l'île de Monte-Cristo. Il trouve un moyen de communiquer avec Edmond Dantès, le futur comte de Monte-Cristo, qui est également dans la prison, et auquel il donne des leçons de diverses sciences, et en mourant lui lègue des richesses incalculables.

L'épisode Faria dans *Monte-Cristo* n'est pas long, mais il est d'un charme exquis et frappe plus l'imagination et se fixe d'une façon plus indélébile dans la mémoire que tous les autres passages de ce roman. Pour le prouver et montrer l'origine de la légende Faria, je prendrai de courts extraits dans les six chapitres où il figure, et je les comparerai à ce qu'il fut en réalité. Je serai aussi bref que possible.

Le nom du roman, comme tout le monde le sait, est dû à une petite île appartenant à l'Italie, et située au sud de l'île d'Elbe. Le château d'If, où fut soi-disant enfermé Faria, fut bâti comme château-fort par François Ier, en 1544, et a servi de prison d'Etat pendant longtemps [1].

1. Le gardien montre dans le donjon : au rez-de-chaussée, les cachots où Dumas a placé l'abbé Faria et Edmond Dantès ; puis dans la cour, une plaque avec l'inscription suivante : *Mânes des courageux défenseurs de la démocratie, reposez en paix*, en commémoration des prisonniers politiques morts à la suite des événements de 1848 à 1851 ; et sur l'escalier à droite, et autour de la galerie, les cachots de divers personnages historiques : l'Homme au masque de fer, Mirabeau, Philippe-Egalité, etc. L'île tire son nom de cette circonstance qu'elle était autrefois couverte d'ifs.

## L'Épisode Faria dans « Le Comte de Monte-Cristo. »

*Le prisonnier furieux (Edmond Dantès) et le prisonnier fou (l'abbé Faria).* [1]

Un an environ (en 1816) après le retour de Louis XVIII eut lieu la visite (au château d'If) de M. l'Inspecteur général des prisons.

— Nous avons ici, dans un cachot, dit le gouverneur de la prison, un vieil abbé, ancien chef de parti en Italie, qui est ici depuis 1811, auquel la tête a tourné vers la fin de 1813, et qui, depuis ce moment n'est pas physiquement reconnaissable... sa folie est divertissante... il se croit possesseur d'un trésor immense. La première année de sa captivité, il a fait offrir au gouvernement un million, si le gouvernement le voulait mettre en liberté; la seconde année, deux millions; la troisième, trois millions, et ainsi progressivement. Il en est à sa cinquième année de sa captivité. Il se nomme l'abbé Faria, ou simplement *l'abbé fou.*

L'inspecteur et le gouverneur descendent dans le cachot de Faria.

L'abbé paraissait être occupé de résoudre

1. Extraits du Chapitre XIV.

son problème de même qu'Archimède l'était, lorsqu'il fut tué par un soldat de Marcellus... de faire un calcul qui, s'il le réussissait, changerait peut-être le système de Newton.

— Je suis, dit l'abbé à l'inspecteur, né à Rome... j'ai été arrêté je ne sais trop pourquoi... je présume que poursuivant les cours de ses conquêtes, l'empereur a accompli le rêve de Machiavel et de César Borgia, qui était de faire de toute l'Italie un seul et unique royaume. C'est le seul moyen de faire de l'Italie un Etat fort, indépendant et heureux...

Faria veut communiquer à l'inspecteur l'histoire de son trésor.

—Monsieur l'Inspecteur, dit le gouverneur, je puis vous raconter cette histoire du trésor aussi bien que l'abbé, car il y a quatre ou cinq ans que j'en ai les oreilles rabattues.

— Cela prouve, Monsieur le gouverneur, dit l'abbé, que vous êtes comme ces gens dont parle l'Ecriture, qui ont des yeux et qui ne voient pas, qui ont des oreilles et qui n'entendent pas.

— Sur ma parole, dit l'inspecteur à demi-voix, si l'on ne savait que cet homme est fou, il parle avec un accent si convaincu qu'on croirait qu'il dit la vérité.

— Je ne suis pas fou, Monsieur, et je dis bien la vérité, reprit Faria. Ce trésor dont je vous parle existe bien réellement, et j'offre de signer un traité avec vous en vertu duquel vous me conduirez à l'endroit désigné par moi...

L'inspecteur ne veut pas acquiescer à sa demande, et l'abbé, tout ennuyé, s'écrie :

— Soyez donc maudit comme ces autres

insensés qui n'ont pas voulu me croire ! Vous ne voulez pas de mon or, je le garderai...

Ainsi finit la visite.

L'abbé demeura prisonnier, sa réputation de fou réjouissant s'augmenta encore.

La visite de M. l'Inspecteur à l'*abbé Faria*[1], dans son cachot du château d'If, a eu lieu la même année et probablement à la même date, 30 juillet 1816, que la visite de M. Potier à l'abbé Faria, dans son salon de conférences, rue de Clichy, à Paris ; et toutes les deux avec le même résultat, comme nous verrons un peu plus loin.

*Je* suis né, dit *Faria*, à Rome. Faria était né moralement et intellectuellement à Rome, où il avait résidé huit ans, et où il avait fait toutes ses études supérieures.

*Il* était ancien chef de parti en Italie ; c'est une allusion au cardinal Pacca, comme nous verrons plus loin.

*Faria* est fait prisonnier de l'Etat en 1811, la même année où il est nommé professeur de philosophie à Marseille.

*L'abbé* ne sait trop pourquoi *il* a été arrêté; Faria ne savait pas pourquoi on le condamnait quand sa doctrine du sommeil lucide était vraie.

En 1811 *il* est prisonnier au château d'If ; il est presque certain que Faria avait, la même année, visité le château, comme tous ceux qui habitent ou visitent Marseille.

1. Tous les mots en italiques se rapportent à l'abbé du roman.

En 1813, quand *sa* tête a tourné dans son cachot, Faria avait commencé son cours sur le sommeil lucide à Paris où le public le considérait comme un imposteur, un fou.

*Sa* folie est divertissante ; *il* se croit possesseur d'un trésor immense. Les conférences de Faria amusaient beaucoup, et son trésor était sa nouvelle doctrine sur l'hypnotisme.

Le problème qu'*il* était occupé de résoudre, était l'exposition de sa théorie, qui a changé le système « de Newton » ou celui de Mesmer.

*Il* parle avec un accent si convaincu que l'on croirait qu'*il* dit la vérité ; Faria parlait dans ces conférences avec une entière conviction et avec une bonne foi parfaite. Mais « le gouverneur » ou le public était comme ces gens dont parle l'Ecriture, qui ont des yeux...

Le reproche adressé à « M. l'Inspecteur, ou à M. Potier, « soyez maudit », est beaucoup plus sévère que celui adressé au public.

A la suite de la visite de l'inspecteur, sa réputation de fou réjouissant s'augmenta encore, de la même manière que celle du charlatanisme de Faria, après la visite de M. Potier et de la *Magnétismomanie*.

---

*Le numéro 37 et le numéro 24 (Dantès et Faria).*[1]

Faria a complété un passage souterrain qui communique avec la chambre d'Edmond.

Il réprimande Edmond pour avoir parlé de Dieu et de désespoir en même temps. Et plus loin, dans un autre chapitre, il insiste sur ce point, que c'est se révolter contre Dieu que de tenter ce que Dieu ne veut pas qui s'accomplisse.

Faria n'avait pas perdu sa foi ; *il* est décrit tel qu'il était : un bon et savant chrétien.

---

*Un savant italien. — L'abbé Faria dans la chambre d'Edmond.*[2]

Faria était un personnage de petite taille, aux cheveux blanchis par la peine plutôt que par l'âge, à l'œil pénétrant caché sous d'épais sourcils qui grisonnaient, à la barbe encore noire et descendant jusque sur sa poitrine : la maigreur de son visage creusé par des rides

1. V. Chapitre XV.
2. V. Chapitre XVI.

profondes, la ligne hardie de ses traits caractéristiques, révélaient un homme plus habitué à exercer ses facultés morales que ses forces physiques... Quant à son vêtement, il était impossible d'en distinguer la forme primitive, car il tombait en lambeaux. Il paraissait avoir soixante-cinq ans au moins, quoique une certaine vigueur dans les mouvements annonçât qu'il avait moins d'années peut-être que n'en accusait une longue captivité.

— Je suis l'abbé Faria, dit-il à Dantès, prisonnier depuis 1811, comme vous le savez, au château d'If ; mais j'étais depuis trois ans renfermé dans la forteresse de Fenestrelle. En 1811 on m'a transféré du Piémont en France... Je suis renfermé parce que j'ai rêvé en 1807 le projet que Napoléon a voulu réaliser en 1811.

Dantès ne comprenait pas comment un homme pouvait risquer sa vie pour de pareils intérêts.

— N'êtes-vous pas, dit Dantès, que l'on croit malade ?

— Que l'on croit fou, vous voulez dire, n'est-ce pas ?... Oui, oui, c'est moi qui passe pour fou ; c'est moi qui divertis depuis si longtemps les hôtes de cette prison, et qui réjouirais les petits enfants s'il y avait des enfants dans le séjour de la douleur sans espoir.

— Ainsi vous renoncez à fuir ? lui dit Dantès.

— Je vois la fuite impossible... Savez-vous qu'il m'a fallu quatre ans pour faire les outils que je possède. Savez-vous que depuis deux ans je gratte et creuse une terre dure comme le granit ?...

Dantès admire le courage et la patience de Faria, et pense percer un nouveau passage. Si Faria, à cinquante ans, avait mis trois ans à son œuvre, il n'avait que la moitié de l'âge de Faria, lui en mettrait six...

— Quand vous viendrez chez moi, lui dit Faria, je vous montrerai un ouvrage entier, résultat des pensées, des recherches et des réflexions de toute ma vie... C'est un *Traité sur la possibilité d'une monarchie générale en Italie*...

— Je parle, dit Faria, cinq langues vivantes: l'allemand, le français, l'italien, l'anglais et l'espagnol ; à l'aide du grec ancien je comprends le grec moderne... De cette langue je sais à peu près mille mots, c'est tout ce qu'il me faut à la rigueur... Seulement je ne serai pas éloquent, mais je me ferai comprendre à merveille, et cela me suffit.

De plus en plus émerveillé, Edmond commença à trouver presque surnaturelles les facultés de cet homme étrange.

— En descendant dans le passé, j'oublie, dit Faria, le présent ; en marchant libre et indépendant dans l'histoire, je ne me souviens plus que je suis prisonnier.

A l'exception de la « petite taille » qui se peut expliquer par la vieillesse, et de la « barbe descendant jusqu'a sa poitrine », qui est due au long emprisonnement, la description de Faria est presque exacte. *Il* paraissait avoir soixante-cinq ans ; c'est presque l'âge de Faria quand il est mort.

— J'étais, dit *Faria*, depuis trois ans renfermé dans la forteresse de Fenestrelle. C'est une allusion au Fort-Mutin à Fenestrelle, où Napoléon avait fait renfermer le cardinal Pacca, depuis 1809 jusqu'en 1813, pendant la captivité de Pie VII à Fontainebleau.

*Je* suis renfermé parce que *j*'ai rêvé en 1807 le projet que Napoléon a voulu réaliser en 1811. Le 20 mars 1811 naquit le fils de Napoléon, qui était baptisé *le roi de Rome*.

*Faria* avait mis quatre ans pour faire ses outils, et deux à trois ans pour creuser une terre dure ; les quatre ans se réfèrent à ses conférences, et les deux à trois ans à l'élaboration de son ouvrage.

Faria parlait plusieurs langues et même le grec moderne. Il est curieux que Dumas ne *le* fasse pas parler le portugais. *Il* dit, seulement *je* ne serai pas éloquent ; c'est une allusion à la difficulté que Faria trouvait pour bien s'exprimer en français, et aux mots « Je ne cherche qu'à me faire entendre » dans la préface de son livre.

Le *Traité* qu'*il* veut montrer à Edmond est, évidemment, *De la cause du Sommeil lucide*.

Edmond trouvait presque surnaturelles les facultés de *Faria*. La foule de Paris pensait que Faria était doué de pouvoirs presque surnaturels, parce qu'il y avait des personnes qui tombaient en sommeil lucide simplement en entrant dans son salon, ou même en mentionnant son nom. Tel était le pouvoir de la suggestion.

Dumas paie un tribut d'admiration à son *abbé* pour ses connaissances historiques et

**pour son esprit philosophique : deux caractéristiques de Faria, le professeur de philosophie.**

---

*La chambre de l'abbé Faria.* [1]

**Faria montre à Edmond son ouvrage et dit : Si jamais je redeviens libre et qu'il se trouve dans toute l'Italie un imprimeur qui ose m'imprimer, ma réputation est faite...**

**Il observe : Il faut le malheur pour creuser certaines mines mystérieuses cachées dans l'intelligence humaine : il faut la pression pour faire éclater la poudre. La captivité a réuni sur un seul point toutes mes facultés flottantes çà et là : elles se sont heurtées dans un espace étroit ; et, vous le savez, du choc des nuages résulte l'électricité, de l'électricité l'éclair, de l'éclair la lumière.**

**— Non, je ne sais rien, dit Dantès, abattu par son ignorance.**

**Le vieux prisonnier était un de ces hommes dont la conversation, comme celle des gens qui ont beaucoup souffert, contient des enseignements nombreux et renferme un intérêt soutenu ; mais elle n'était pas égoïste, et ce malheureux ne parlait jamais de ses malheurs.**

**Dantès écoutait chacune de ses paroles avec admiration : les unes correspondaient à des idées qu'il avait déjà et à des connaissances qui**

1. V. chapitre XVII.

étaient du ressort de son état de marin, les autres touchaient à des choses inconnues, et, comme ces aurores boréales qui éclairent les navigateurs dans les latitudes australes, montraient au jeune homme des paysages et des horizons nouveaux, illuminés de lueurs fantastiques. Dantès comprenait le bonheur qu'il y aurait pour une organisation intelligente à suivre cet esprit élevé sur les hauteurs morales, philosophiques ou sociales sur lesquelles il avait l'habitude de se jouer.

— Vous devriez m'apprendre ce que vous savez, dit Dantès.

— Hélas, mon enfant, la science humaine est bien bornée, et quand je vous aurai appris les mathématiques, la physique, l'histoire et les trois ou quatre langues vivantes que je parle, vous saurez ce que je sais : or, toute cette science, je serai deux ans à peine à la verser de mon esprit dans le vôtre.

— Deux ans ! dit Dantès, vous croyez que je pourrai apprendre toutes ces choses en deux ans ?

— Dans leur application non, dans leurs principes oui : apprendre n'est pas savoir ; il y a les sachants et les savants ; c'est la mémoire qui fait les uns, c'est la philosophie qui fait les autres.

— Mais ne peut-on apprendre la philosophie ?

— La philosophie ne s'apprend pas ; la philosophie est la réunion des sciences acquises au génie qui les applique ; la philosophie, c'est le nuage éclatant sur lequel le Christ a posé le pied pour remonter au ciel.

Les deux prisonniers arrêtèrent un plan

d'éducation qui commença de s'exécuter le lendemain.

L'abbé, homme du monde et du grand monde, avait en outre dans ses manières une sorte de majesté mélancolique.

Faria avait entière confiance dans la doctrine ; il était convaincu que son ouvrage était destiné à marquer « une époque dans les annales humaines », mais il n'était nullement égoïste.

C'est le « malheur », c'est la *Magnétismomanie* qui l'a obligé Faria à creuser les mines de son cerveau, à écrire son livre.

— Vous savez, demande *Faria*, que du choc des nuages résulte... la lumière ?

— Non... dit Edmond.

Le public ne savait pas la vérité du magnétisme animal.

L'abbé Faria avait des relations dans le grand monde de Paris.

---

*Le Trésor* [1].

Faria donne à Edmond un papier, qui est le testament du cardinal Spada, et dit : — Ce papier

1. V. Chapitre XVIII.

mon ami... c'est mon trésor, dont à compter d'aujourd'hui la moitié vous appartient.

— Hélas ! murmure Edmond, le voilà retombé. Il se demande en lui-même : Etait-ce Faria qui se trompait sur son trésor, était-ce tout le monde qui se trompait sur Faria ?

Comme le « trésor » ou la doctrine de Faria était vrai, il est évident que tout le monde se trompait sur Faria.

---

### *Le troisième accès.* [1]

Dantès a une conversation avec Faria et dit :

— Je vous ai promis de rester éternellement avec vous ;... je n'aurai pas plus le trésor que vous... Mon véritable trésor, voyez-vous, mon ami, n'est pas celui qui m'attendait sous les ombres de Monte-Cristo, c'est votre présence ;... ce sont ces rayons d'intelligence que vous avez versés dans mon cerveau... Ces sciences diverses que vous m'avez rendues si faciles par la profondeur de la connaissance que vous en avez et la netteté des principes où vous les avez réduites, voilà mon trésor, aussi voilà en quoi vous m'avez fait riche et heureux... voilà ma fortune : celle-là n'est point chimérique.

1. V. Chapitre XIX.

Faria a le troisième accès de catalepsie. En mourant il crie à Dantès :

— Monte-Cristo ! N'oubliez pas Monte-Cristo.

Le gouverneur, le médecin et des officiers descendent dans la chambre de Faria.

— Ne s'appelait-il pas Faria ? demanda un des officiers.

— Oui, Monsieur, et, à ce qu'il prétendait, c'était un vieux nom ; d'ailleurs il était fort savant, et assez raisonnable même sur tous les points qui ne touchaient pas à son trésor, mais sur celui-là, il faut l'avouer, il était intraitable.

— C'est l'affection que nous appelons la monomanie, dit le médecin.

— Vous n'aviez jamais eu à vous plaindre de lui ? demanda le gouverneur au geôlier chargé d'apporter les vivres de l'abbé.

— Jamais, monsieur le gouverneur, répondit le geôlier, jamais, au grand jamais ! au contraire : autrefois même il m'amusait fort en me racontant des histoires ; un jour que ma femme était malade il m'a même donné une recette qui l'a guérie.

— Ah ! ah ! fit le médecin, j'ignorais que j'eusse affaire à un collègue ; j'espère, monsieur le gouverneur, ajouta-t-il en riant, que vous le traiterez en conséquence.

— Oui, oui, soyez tranquille, il sera décemment enseveli dans le sac le plus neuf qu'on pourra trouver.

— Y aura-t-il une messe ? demanda un des officiers.

— Impossible, répondit le gouverneur ; le chapelain du château est venu me demander hier un congé pour faire un petit voyage de huit jours à Hyères, je lui ai répondu de tous mes prisonniers pendant tout ce temps-là ; le pauvre abbé n'avait qu'à ne pas tant se presser, et il aurait eu son *requiem*.

— Bah ! bah ! dit le médecin avec l'impiété familière aux gens de sa profession, il est homme d'église : Dieu aura égard à l'état, et ne donnera pas à l'enfer le méchant plaisir de lui envoyer un prêtre.

Un éclat de rire suivit cette mauvaise plaisanterie.

L'enseignement de Faria n'était pas une chimère.

En mourant, *Faria* s'écrie : « N'oubliez pas Monte-Cristo, n'oubliez pas le trésor. » Le trésor de Faria, ou sa doctrine sur la suggestion, a donné autant de résultats merveilleux dans la thérapeutique et dans la pédiatrie, que les millions enfouis dans l'île de Monte-Cristo ont permis à Edmond Dantès d'accomplir ses aventures merveilleuses.

Dumas fait mourir l'*abbé* de catalepsie dans le roman, et d'apoplexie, la véritable cause de sa mort, dans le drame.

*Il* prétendait que c'était un vieux nom (de Faria). Il y a quelques familles très distinguées qui portent le nom de Faria, en Portugal, dont l'une, représentée aujourd'hui par M^me^ la vicomtesse de Faria, réside depuis longtemps à Paris.

J'ignorais, dit le médecin, que j'eusse affaire

à *un* collègue. Faria était membre de la Société médicale de Marseille.

— Y aura-t-il une messe ?

— Impossible. Faria eut un convoi gratuit. Un éclat de rire suivait *sa* mort ; le *Moniteur* publiait un article contenant des histoires drôles après la mort de Faria.

---

De toute cette confrontation il est évident que Dumas était très bien documenté sur l'abbé Faria. Il a modelé l'épisode entier du château d'If sur la vie réelle de son héros ; il n'a pas adopté l'opinion populaire sur son caractère et sur sa doctrine. Mais, on voudrait savoir s'il a connu personnellement son héros. Non. Dumas est né en 1803 à Villers-Cotterets (Aisne), et est venu à Paris, pour la première fois, en 1823, trois ans et demi après la mort de Faria. [1] Il est possible qu'il ait entendu parler de son héros avant le départ de son village. Comme il était toujours passionné pour tout ce qui est extraordinaire, est-il difficile d'imaginer qu'en arrivant à Paris il ait étudié le magnétisme animal ? Qu'il ait même suivi quelques conférences de Bertrand, qu'il ait étudié l'ouvrage de Faria et se soit intéressé aux incidents de sa vie ? Nous savons que, plus tard, il a fini par croire au magnétisme animal et qu'il y avait des séances de somnambulisme chez

1. Le collaborateur de Dumas, M. Auguste Maquet, n'a pas pu, non plus, connaître l'abbé, parce qu'il est né en 1813.

lui.[1] En 1848, il nous a donné les *Mémoires d'un médecin* (Joseph Balsamo).

Quand Dumas commença à écrire son *Monte-Cristo*, en 1841, il ne manquait pas de personnes qui avaient connu l'abbé Faria ; nous avons vu que le général Noizet a vécu jusqu'en 1884.

Dumas n'a pas changé le nom de Faria, comme il n'avait pas changé celui de Paul Jones. Il a voulu commémorer ces personnages avec leurs vrais noms honorables. Grâce à cette circonstance, Faria est devenu célèbre comme un type légendaire ; et l'imagination populaire l'a entouré d'une auréole de mystère. Une histoire de la magie, de la sorcellerie et de l'occultisme n'est pas complète sans *son* abbé Faria, si bien que c'est l'abbé Faria, le philosophe qui, le premier, a tué le surnaturel, dans les phénomènes du somnambulisme.

L'abbé Faria est un des caractères principaux dans le *Monte-Cristo* dramatisé et représenté, la première fois, au Théâtre-Historique, le 3 février 1848 ; son rôle fut joué par Bonnat. Je cite toutes les scènes[2] de cette pièce, qui donnent une idée exacte de l'épi-

1. « Initiations aux mystères de la théorie et de la pratique du magnétisme animal, suivi d'expériences inédites faites à Monte-Cristo, chez Alexandre Dumas », par G-A. Gentil. Paris, 1849.

2. V. Document I.

sode Faria, si bien elles marquent naturellement plusieurs détails du roman. Il y a eu des reprises de ce drame au théâtre de l'Ambigu en 1862, et la même année, puis en 1880 et 1883, à la Gaîté, le rôle de l'abbé Faria étant représenté par les célèbres comédiens Rouvier et Talien.

Le 1er novembre 1883, on donna une matinée de *Monte-Cristo* à la Gaîté, dont la recette tout entière fut affectée à la souscription pour la statue d'Alexandre Dumas, inaugurée trois jours plus tard sur la place Malesherbes. *Faria* a de cette façon contribué, pour sa bonne part, à la mémoire de celui qui a immortalisé son nom.

Le roman de Dumas a rendu le nom de Faria si célèbre et si répandu, surtout en France, que je n'ai pas encore trouvé une seule personne qui ne le connaisse pas, même si l'on n'a pas lu le roman. Quand je suis allé voir la maison nº 7 de la rue du Ponceau, la concierge a eu la bonté de me donner les quelques renseignements que je lui demandais, et de me montrer quelques parties de ce bâtiment. En quittant la maison j'ai dit à dessein :

— Savez-vous, madame, la raison de ma visite à votre maison ?

— Non, monsieur.

— Savez-vous que je pense que l'abbé Faria a résidé dans cette maison en 1792 ?

— Pas possible ! L'abbé Faria, elle hésite

un peu, l'abbé Faria n'a pas existé ; vous plaisantez, monsieur.

— Non, je ne plaisante pas ; vous saurez la vérité bientôt.

Elle s'est montrée fort intéressée ; et ce que je dis de la concierge on peut le dire de plusieurs autres personnes.

Selon les gazettes il y a chaque année plus de 50.000 touristes de toutes les nations civilisées qui visitent le château d'If, où Dumas a fait prisonniers Faria et Edmond Dantès, et où il a fait mourir celui-là ; mais il n'y a personne au monde qui connaisse l'emplacement exact de la tombe du véritable abbé. Ceci démontre, une fois de plus, comment une légende domine l'imagination de l'humanité.

En terminant ces modestes pages, nous prenons la liberté d'émettre deux vœux :

Le premier est que, dans cette époque si prompte à célébrer des gloires de toute espèce, on apposât au n° 7 de la rue du Ponceau, où Faria résidait en 1792, une petite plaque avec l'inscription suivante ou une autre analogue :

L'ABBÉ DE FARIA
n. 1756 — m. 1819
A HABITÉ CETTE MAISON
EN 1792.

Et le second est qu'on donnât à la rue du Ponceau ou à une voie nouvelle le nom de RUE DE L'ABBÉ DE FARIA, en mémoire de ce père de la suggestion, de ce savant romanesque qui aima tant Paris, cette ville si grande, si belle et si hospitalière.

# APPENDICE

5.

# APPENDICE

## (1) DOCUMENTS HISTORIQUES

### DOCUMENT A

*Du Registre des baptêmes de l'Eglise de Notre-Dame-de-l'Espérance à Candolim Gôa.*

Le sept juin de mil sept cent et cinquante-cinq, moi, Fr. Manoel de Jésus e Maria, avec la permission du T. R. P. Fr. Manoel de Assumpção, curé de cette église de Notre-Dame-de-l'Espérance de Candolim, j'ai baptisé et imposé les saintes huiles à Joseph Custodio, né il y a huit jours, fils de Caetano-Victorino de Faria et de Rosa de Sousa. Ses parrains sont P. João Simoês, résidant à Sirula et Celestina Maria Luisa de Sousa, résidant dans cette paroisse.

*Signé :* Fr. Manoel de Jesus Maria

1. Cit. dans l' « Ultramar », *loc. cit.*

## DOCUMENT B

THEOLOGICÆ PROPOSITIONES
DE EXISTENTIA DEI, DEO UNO
ET DIVINA REVELATIONE

SUB AUGUSTISSIMIS AUSPICIIS FIDELISSIMORUM
REGUM

PORTUGALLIÆ ET ALGARBIORUM
MARIÆ FRANCISCÆ ET PETRI III

A JOSEPHO CUSTODIO DE FARIA GOANO
IN COLLEGIO URBANO DE PROPAGANDA FIDE
ALUMNO

DEFENDENDÆ

PRÆSIDE F. THOMA MARIA CERBONI

Ordinis Prædicatorum Sacræ Theologiæ
Magistro, et Professore in eodem Collegio.

ROMÆ CIƆ. IƆCC. LXXX.

TIPIS SAC. CONGREGATIONIS DE PROPAGANDA
FIDE

PRÆSIDUM ADPROBATIONE

MARIAE. FRANCISCAE. ET. PETRO. III

PORTVGALLIAE. ALGARBIORVMQVE

REGIBVS. FIDELISSIMIS

PIIS. AVGVSTIS. PACIFICIS.
POTENTISSIMIS

CHRISTIANAE. REI. AMPLIFICATORIBVS

LITTERARVM. BONARVMQVE.
ARTIVM

PATRONIS. MVNIFICENTISSIMIS

ISTAS. DE. RELIGIONE. THESES

SVAE. IN. IPSOS. OBSERVANTIAE.
MEMORISQ. ANIMI

PRO. IMMORTALIBVS. BENEFICIIS

IN. SE. PATREMQVE. SVVM. CONLATIS

TESTIMONIVM. SEMPITERNVM

IOSEPHVS. CVSTODIVS. DE FARIA
GOANVS

IN. CONLEGIO. VRBANO. DE.

PROPAGANDA. FIDE ALVMNVS

O. C. Q. L. M

## FIDELISSIMI REGES.

Neminem fore arbitror, Fidelissimi Reges, qui quum mei de Theologica hac disputatione Majestatibus Vestris inscribenda nuncupandaque consilii causam rationemque cognoverit, illud a me non temeritate, aut ambitione, sed necessario plane officio susceptum fuisse non fateatur. Quod enim officium est magis necessarium, quam suum cuique tribuere? Quid autem a me, in hoc præsertim genere, proficisci potest, quod ad Vos hæreditario jure non pertineat? Quum enim Goa, Lusitani Imperii in Orientalibus Indiis Metropoli, Romam adolescens venissem, ut ea mihi in hoc Religionis, et sapientiæ domicilio subsidia pararem, quibus in patriam redux, Deo auspice, rem Christianam adjuvare pro virium mearum tenuitate possem, immortali Josephi I. Prædecessoris vestri Augustissimi beneficio sum consequutus, ut in Pontificium hoc de Propaganda Fide Collegium, cujus tanta est ubique gentium celebritas, reciperer, quo commodius ad omnem et pietatis exercitationem, et litterarum doctrinam erudirer. Itaque ex eo tempore constitui, absoluto studiorum cursu, publicum meæ in Theologicis disciplinis diligentiæ specimen dare, atque hoc qualecumque munus Regi Clementissimo afferre, cui, si quidquam in litteris profecissem, id uni totum me potissimum debere intelligerem. Quamquam enim ea res nec tanti Principis majestate, nec beneficii, quo me affecerat, magnitudine digna esse videretur, tamen ad obsequentis gratique animi erga ipsum mei testificationem pertinebat, cujus quidem declarandi nullam mihi facultatem prætermittendam esse existimabam. Verum invictissimus

Rex ex hac turba, et colluvione multo ante discessit, quam ego legitimum Theologiæ studio tempus impendissem. Quare hunc studiorum meorum veluti fructum, quem Josepho I, reddere non poteram, ad Vos ejus ut dignitatis, ita virtutis hæredes detuli : cumque pro summa Vestra in me, patremque meum benignitate id a Vobis honoris impetrassem, ut disputatio ista mea Vestris gloriosissimis Auspiciis ornaretur, ex universa Theologia hæc adversus impietatem, quæ nostra ætate ad perniciem humani generis in multis regionibus non clam serpit, sed palam furit, et quod magis dolendum est, latius quotidie manat, Theoremata a contortis perditissimorum hominum sophismatibus vindicanda delegi, ea nempe, in quibus deligendis meum Vobis consilium probatum iri non modo non diffiderem, sed ne diffidere quidem ulla ratione possem. Quotus enim quisque est in tanta rerum præclarissimarum a Vobis gestarum celebritate, quem prætereat, nihil esse, in quo tantopere elaboretis, quam ut Catholica Fides in Lusitano Imperio summo studio suscepta, atque a prima sui memoria sine ulla unquam impietatis, aut superstitionis offensione culta vigeat, et amplificetur? Nimirum illud est Vobis vehementer persuasum, quod non tam ex sapientissimorum virorum de optima regnandi ratione commentariis, quam ex domestica institutione, atque ex illustribus Prædecessorum Vestrorum exemplis didicistis, humanæ societatis incolumitatem, et salutem uno integræ Religionis vinculo contineri, nec Imperia, quæ hoc fundamento minime nitantur, diu posse consistere. Hinc statim ac ad Regni gubernacula incredibili Lusitanorum, quibus Vestra multis jam rebus spectata diuque cognita virtus erat, gratulatione accessistis, curam omnem Vestram operamque ad Religionem tuendam, amplificandamque contulistis. Testis est America, in qua submissi altique Regia Vestra liberalitate Evangelii Præcones Catholicæ Ecclesiæ fines latius in dies producunt. Testis Africa, ubi nulla est, quæ felicissimo Vestro Imperio pareat gens, aut natio, cui clarissimum solis justitiæ lumen non affulserit. Testis in Asia ipsa Goana civitas in qua nonnullos nuperrime semel avulsas idolorum superstitiones restaurantes Vestra auctoritate compressos fuisse, omnes gratulamur. Testis hæc Eminentissimorum Cardinalium Congregatio, cui in omnibus, quæ in vastissima Vestra ditione, finitimisque regionibus Fidei sive propagandæ, sive constituendæ causa et plurima et gravissima habet, negotiis officium omne Vestrum, opem, patrocinium ultro libenterque præstatis. Nam de Lusitania quid me attinet dicere? Quæ urbs in ea est, quod oppidum, quæ ora, quis sinus, in quo præclara Vestræ in Deum pietatis monumenta non extent? Verum eo imprudens progressus sum, quo minime decebat, ne maximarum pulcherrimarumque rerum splendor, ac dignitas orationis meæ inopia minueretur. Quamobrem quæ commemorari a me hoc loco possent de Paterna in populos curæ Vestræ commissos caritate, et beneficentia, de mira in Divinis humanisque legibus custodiendis constantia, de singulari in negotiis cum domesticis, tum externis pertractandis dexteritate, de incredibili in scientiis, et artibus, quæ ad humanæ vitæ usum cultumque pertinent, promovendis sollicitudine, ac de virtutibus ceteris, quibus egregiam, quam de Vobis concitaveratis, expectationem non sustinetis modo, sed etiam longe superatis, celebranda aliis, quibus uberior sit dicendi copia et vis, commendandaque memoriæ hominum sempiternæ relinquens, atque illuc, unde mea omnis hæc defluxit oratio, regrediens, cum tanto Vos Catholicæ Fidei conservandæ, dilatandæque studio ardere constaret, in certam spem veni, fore, ut mea hæc adversus impietatem disputatio vel ipso argumenti genere Vobis quam jucundissima accideret, ac me certamen cum profligatissimis Religionis hostibus ineuntem Potentissimo Vestro patrocinio tueremini. Quod si feceritis, ut Vestra in me tam multis, iisque perspicuis significationibus declarata humanitas pollicetur, ad superiora beneficia, quibus me perpetuo Vobis devinxistis, cumulus accedet. Ego vero, quoniam mihi in tam dispari conditione nihil ad remunerandum suppetit præter voluntatem, tantas Vobis, quoad vivam, gratias habebo, quantas animo maximas capere possum, nec vota precesque Deo facere desistam, ut Vos ad Lusitani Imperii felicitatem sospites quam diutissime et incolumes servet [1].

## DOCUMENT C

*Du registre de la section des Amis de la Patrie*, 6e arrondissement — Registre des dénonciations ; section du Ponceau, F 7* 2489, no Fol. 108, no 121. (Dans les *Archives nationales*).

« L'an IV de la Liberté et Ier de l'Egalité, le

1. Cit. dans la « Conjuraçâo » *op. cit.*, p. 28 (de l'Appendice).

4 septembre 1792 se sont présentés par devant nous MM. Jean-Baptiste Galliet et Dominique Pothier, commissaires chargés du recensement des citoyens domiciliés dans l'arrondissement de la Section du Ponceau, lesquels nous ont dit que dans la maison no 59, rue du Ponceau, M. Prudhomme, principal locataire, ils ont trouvé une dame née Chibler qui a dit avoir chez elle en pension un particulier nommé M. l'abbé de Faria ; qu'ils avaient pris dans la maison des informations sur le compte de ce particulier. M. Caurel, cordonnier, a dit que cet abbé était un prêtre réfractaire et incendiaire tant par ses discours que par les papiers qu'il lisait. M. Pirou, peintre en bâtiment, a déposé la même chose. Lecture faite de la présente déclaration, les dits MM. Galliet et Pothier ont signé.

*Signé :* GALLIET. »

« Folio 109, n° 122. L'an IV de l'Egalité, le 5 septembre 1792, s'est présenté devant nous, par notre invitation, M. Pierre-Louis Pirou, auquel nous avons demandé s'il connaissait M. l'abbé Faria. Il a répondu qu'il le connaissait pour demeurer chez Mme Chibler, dont il était pensionnaire. On lui a demandé s'il le connaissait pour être antirévolutionnaire, il a répondu n'en pouvoir juger avec connaissance personnelle mais avoir entendu dire par Mme Chibler et la cuisinière que plusieurs fois ledit abbé avait dit qu'il voudrait qu'il y eût au Champ-de-Mars autant de poteaux que de gardes nationales et patriotes et qu'il les y ferait tous suspendre; il avait entendu dire en outre, qu'il était joueur, qu'il fréquentait le Palais-Royal, qu'il était très connu, et c'était tout ce qu'il savait, et a signé : Pirou, secrétaire de l'Assemblée primaire.

M. Pirou a ajouté qu'on pourrait avoir plus de renseignements en faisant venir et en interrogeant le portier de la maison, nommé Carelle.

## DOCUMENT D

*De la Gazette de France*, 21 août 1813. — *Mœurs parisiennes.*

*Le Somnambulisme et l'abbé Faria.*

— Per amicitiam, divosque Rogatus.
Ducere me auditum, perges quocumque memento.
Nam quamvis referas memori mihi pectore cuncta.
Non tamen interpres tantumdem juveis. adde.
Vultum, habitumque hominis.
Horace. Sat. IV, livre II.

(Je vous en conjure, au nom de Dieu et de l'amitié, menez-moi avec vous chez cet habile homme ; car bien que notre mémoire soit très fidèle et votre récit très exact, il faut voir le docteur pour le bien entendre, examiner son geste, l'air de sa figure....)

Je me fais souvent cette question, à laquelle je ne trouve pas de réponse satisfaisante : Pourquoi cette espèce d'hommes qui appelait les Grecs *Agyrtæ*, les Romains *Circumforanci*, et que nous désignons, d'une manière un peu trop vague, par le nom de *charlatans*, a-t-elle de tout temps choisi la France pour y établir le théâtre principal de ses jongleries ? Ces gens-là ne croient pas les Français plus sots que les autres peuples ; les supposeraient-ils moins adonnés aux vieilles routines, plus affranchis des préjugés de l'usage ? Ils répondront eux-mêmes qu'ils sont toujours les derniers sinon à accueillir, du moins à adopter les découvertes utiles ; que.... depuis Luc Gaurie jusqu'à M. l'abbé Faria inclusivement je ne connais point de *docteur* étranger, soit qu'il ait cherché ses dupes sur nos quais ou dans nos salons, soit qu'il ait eu des compères dans les échoppes ou dans les palais, qui n'ait fait en France une espèce de fortune... Voyez *Law* cet Ecossais... Voyez *Willars*... *Bletton*... *Mesmer*... et mesmérisme...

Cette jonglerie du mesmérisme, dont je me souviens que Doppat, élève de Deslon, qui l'était lui-même de Mesmer, disait ingénuement : *Ceux qui savent notre secret, en doutent plus que ceux qui l'ignorent*, a donné naissance au somnambulisme.

L'apôtre du somnambulisme avait choisi la salle des exercices d'une maison d'éducation pour théâtre de ses tours de gibecière... Avant que le professeur paraisse, je me suis occupé de l'assemblée ; elle était brillante, nombreuse, et composée aux deux tiers de femmes dans la fleur de l'âge. Il était aisé de voir que la plupart d'entr'elles apportaient en ce lieu des préventions très favorables à la nouvelle doctrine. Je me trouvais placé auprès de M^me^ Maur, et j'ai pu étudier sur cette figure aimable les différents caractères qu'impriment à la physionomie la crédulité, la confiance et la persuasion.

M. l'abbé, accompagné de cinq ou six jeunes filles a paru dans l'enceinte qu'il s'était réservée à l'une des extrémité de la salle : son teint, bruni sous les feux du soleil de Gôa, ne nuisait pas à la régularité de ses traits, et j'ai cru m'apercevoir que la plus belle moitié de son auditoire, n'avait, à cet égard, pas plus de préjugés que la tendre *Desdémone* [1].

L'orateur a débuté par un discours d'un style grotesque, si grotesque, qu'il fallait être Français, et se rappeler que celui qui parlait était étranger, pour ne pas l'interrompre, à chaque phrase, par des éclats de rire. Le fond des idées n'était, malheureusement, pas moins risible que la forme : il est douteux que l'extravagance humaine puisse aller au delà. Après un éloge burlesquement emphatique du magnétisme et de ses propriétés générales, M. le professeur a posé en principe, que cet agent mystérieux était la base de toute instruction, le fondement de toutes les sciences, la clef de toutes les connaissances humaines. Avant d'avoir entendu ce philosophe de la côte du Malabar, qui se serait imaginé qu'au magnétisme appartient *non seulement le pouvoir de nous révéler les secrets de la médecine, la cause, le siège et le remède de toutes les maladies : mais celui de nous faire connaître la configuration, la matière le mouvement des astres et la nature de leurs habitants ?* — Nous voilà donc bien tranquilles sur les progrès futurs de la médecine et de l'astronomie ; la morale ne doit pas nous inquiéter

1. Personnage de la tragédie d'*Othello*, de Shakespeare

davantage le magnétisme en est le véritable ressort : *toutes vertus en découlent, ainsi que toutes les vérités ; et la politique elle-même est soumise à son action*. Après cette définition si claire du magnétisme, M. Faria nous a parlé du *somnambulisme*, qui en est le résultat le plus immédiat ; ce que j'ai pu comprendre, à travers un verbiage inintelligible, c'est que l'état du somnambulisme est pour l'homme, pour la femme surtout, l'état par excellence ; qu'il développe dans le sujet somnambule des facultés et des connaissances auxquelles il est totalement étranger quand il veille, telles que le don des langues, la connaissance de l'avenir ; et ce qu'il y a de plus d'extraordinaire, c'est qu'il ouvre chez certaines personnes des organes nouveaux : c'est ainsi qu'une de ses élèves a le don tout particulier de lire en dormant, par cette partie du corps humain que le premier homme et la première femme ont dû, seuls, ne pas apporter au monde. Malheureusement cette épreuve n'était pas de nature à être faite en public. C'était à l'œuvre qu'on attendait M. le Professeur : les expériences commencèrent, les quatre jeunes filles vinrent se placer sur une même ligne, et le discours du maître les avait si bien préparées à dormir, qu'en un moment le doigt magnétique les plongea dans un profond sommeil. L'une d'elles en dormant dit qu'elle avait soif : « — Que voulez-vous boire ? lui demanda l'endormeur. — De l'eau sucrée. » Aussitôt il lui présenta un grand verre d'eau claire qu'il se contenta de magnétiser au lieu de la sucrer : la petite fille prit le verre d'eau, le but, et se plaignit, qu'on y avait mis trop de sucre. M. l'Abbé aurait pu insister sur le parti qu'on pouvait tirer du magnétisme dans un temps où le sucre est si cher ; mais, sans répondre aux objections qu'on lui fit, il passa à une autre expérience. Cette jeune personne, dit-il en montrant une des dormeuses, ne sait point le latin, comme on peut croire : eh bien ! dans l'état de somnambulisme où elle se trouve, vous allez voir qu'elle peut l'entendre. A la preuve : « *Ars longa, vita brevis*. Répondez, mademoiselle, que signifient ces mots en français ? — *La vie est longue et courte.* » De longs éclats de rire partaient de tous les côtés, et la séance aurait eu de la peine à se continuer, si les mouvements et les cris d'une troisième somnambule n'eussent fixé de nouveau l'attention de l'assemblée : « Au voleur ! à l'assassin ! arrêtez ! » criait-elle. Le magnétiseur l'interroge : « Que se passe-t-il. — Un assassinat, dans la rue de Clichy. — Quels en sont les auteurs ? — Deux hommes que je n'ai pu distinguer. — Sont-ils arrêtés ? — Un seul vient de l'être. » Cette jonglerie aurait pu faire quelque sensation, si plusieurs personnes présentes n'eussent été instruites d'un événement qui s'était passé trois heures auparavant, et dont la somnambule et son professeur pouvaient en avoir comme tout autre, eu connaissance. L'expérience de membres paralysés et *déparalysés* à la voix du magnétiseur a fini par pousser à bout la patience et l'honnêteté de l'auditoire ; on a d'abord murmuré, puis on a hué, puis on a sifflé le professeur indien, qui a fort habilement expliqué le peu de succès de sa séance en déclarant que la présence d'un seul incrédule suffisait pour centraliser la vertu magnétique, et pour déjouer le talent du magnétiseur.

J'ai voulu, dans cet article, répondre au

reproche qui m'a été fait de n'avoir pas encore signalé dans un ouvrage consacré à la peinture des mœurs actuelles une doctrine absurde autant que ridicule, que l'on s'efforce de remettre en vogue et dont les progrès ne sont pas à craindre avec de pareils professeurs.

*L'Hermite de la Chaussée-d'Antin.*

## DOCUMENT E

Du *Moniteur universel,* le 5 octobre 1819.

Les feuilles publiques ont annoncé la mort de l'abbé Faria, devenu depuis quelque temps en possèssion, à Paris, d'une certaine célébrité, comme professant la doctrine du magnétisme. Voici quelques détails publiés par un de nos journaux sur ce successeur de Mesmer :

« L'abbé Faria était né à Goa d'un père noir et idolâtre qui se convertit à la foi catholique et reçut même la prêtrise. Son fils passa jeune encore en Europe, fit ses études à Lisbonne, et alla recevoir aussi la prêtrise à Rome. Il vint en France durant la Révolution, et au 13 vendémiaire il marcha à la tête d'un des bataillons des sections insurgées contre la Convention. Depuis il se fit dans Paris une ressource de la pratique du magnétisme, dont il fut un des apôtres les plus actifs. On assure même que c'est au moyen de ces mystères qu'il s'était rendu si redoutable dans une maison de jeu, qu'on s'était déterminé à lui faire une pension quotidienne pour qu'il s'abstînt d'y venir jouer. C'est dans cette maison qu'il fit la connaissance d'un homme qui lui fit obtenir une place de professeur de philosophie au lycée de Marseille. La circonstance est exacte, quelque singulière qu'elle paraisse. Arrivé à sa nouvelle résidence, il voulut prêcher dans une paroisse de la ville, et le fit dans une manière si bizarre et si peu convenable que le curé se vit obligé de le remercier de son zèle. Peu après ce curé étant proviseur du lycée, ce dernier imagina de se venger en soulevant contre le nouveau chef les élèves de sa classe, sur lesquels il avait pris beaucoup d'influence, soit en les endoctrinant de ses systèmes favoris, soit en intéressant leur curiosité par ses manières extraordinaires. Les troubles qu'il occasionna dans la maison le firent transférer au lycée de Nimes. Arrivé dans cette ville, il établit chez lui un baquet, où il magnétisait la foule qui s'empressait alentour. Beaucoup de gens furent, ou du moins se crurent guéris. Une fois cependant un somnambule, consulté par lui sur le compte d'une femme, sut bien découvrir son mal, mais ne put apercevoir l'enfant qu'elle portait dans son sein. On appliqua le remède prescrit, et la femme périt bientôt après, par suite de fausses-couches. Cet incident détermina la police déjà alarmée, à interdire le baquet du magnétiseur. Sur ces entrefaites, une petite cure voisine de la ville vint à vaquer : l'abbé Faria y vole, s'y installe sans la permission de l'évêque du diocèse d'Avignon et, sans aucun pouvoir, se met à prêcher, confesser et magnétiser. L'évêque, instruit de ce qui se passait, eut recours à l'autorité pour déposséder l'usurpateur, et ce n'est pas sans peine qu'on parvint à l'arracher à ses paysans, qui déjà le regardaient comme un prophète ou au moins comme un saint. C'est alors qu'il partit pour revenir à Paris où il se fixa de nouveau dans le cours de 1813, époque où les journaux parlèrent quelquefois de lui. Dans ses dernières années il habitait la rue Sainte-Anne où il donnait, le jeudi de chaque semaine, des consultations et des représentations de somnambulisme. On y était admis indistinctement moyennant une pièce de 5 francs. L'abbé Faria racontait que, peu de temps avant que la famille de Bragance s'exilât de l'Europe, il avait été nommé par la régente de Portugal à un évêché de ce royaume. L'abbé Faria était d'un caractère ardent, turbulent et actif ; l'expression de sa physionomie était à la fois effrayante et extraordinaire et secondait merveilleusement ses opérations magnétiques ; il était d'ailleurs bien fait et d'une taille avantageuse. La race noire dont il était issu et dont il conservait le teint n'a point, comme celle d'Afrique, des caractères distinctifs, des cheveux laineux, un front aplati, un nez épaté, de grosses lèvres, etc. Il possédait plusieurs genres d'érudition, excellait dans l'argumentation scholastique, en laquelle il eût été difficile de lutter avec lui en subtilité ; il parlait facilement plusieurs langues, notamment le grec moderne. On assure qu'il avait composé une grammaire latine qu'il se proposait de faire imprimer. »

## DOCUMENT F

Des *Archives du Magnétisme Animal*, par Dr Hénin de Cuvillers, T. I, page 134, Paris, 1820.

« Un fameux magnétiseur avait fait schisme dans la religion magnétique... Ce magnétiseur est sans doute *l'abbé Faria*, que j'ai connu. On a imprimé après sa mort un premier volume de son ouvrage intitulé : *De la Cause du Sommeil lucide*. Je me propose d'en rendre compte dans un numéro prochain de nos archives. Il n'y a aucune mention de l'ouvrage de Faria dans les autres numéros des Archives. J'ai dit plus haut que l'abbé Faria avait fait schisme parmi les magnétiseurs, parce qu'il n'admettait pas les deux principaux articles de foi des magnétistes enthousiastes, savoir : la nécessité de la volonté pour magnétiser, et la réalité du fluide magnétique. Il n'en fallut pas davantage pour qu'il fût traité d'hérétique. Voici comme il s'exprime, à ce sujet au tome I pages 31, 33, et 315... » Après avoir cité l'opinion de Faria qu'on endort les époptes même avec une volonté contraire, il continue :

« Voici un terrible aveu d'un des plus grands magnétisateurs connus qui avait fait une étude particulière des procédés du Magnétisme, et avait acquis, par une grande pratique, une expérience supérieure à celle de la plupart des magnétistes les plus enthousiastes et les plus opiniâtres. M. l'abbé Faria avait donc le droit d'émettre sur le système du fluide magnétique animal une opinion qui mérite la plus sérieuse attention, et qui a jeté tous les magnétistes en grande consternation... »

« Ce premier volume qui a été publié sous son nom, renferme des raisonnements remarquables sur la cause du sommeil lucide, et la doctrine qu'il professe n'offense pas autant la raison et le bon sens que le font la plupart des écrits de certains magnétistes qui dédaignent l'abbé Faria. Ses expériences et les phénomènes qu'il cite ne sont pas pour la plupart invraisemblables et il ne répugne pas d'y ajouter foi comme aux miracles multipliés dont les autres magnétistes sont remplis. Ceux-ci sont réellement accoutumés aux prodiges qui, à les entendre, se renouvellent si fréquemment à leurs yeux, qu'ils n'y font plus d'attention et y ajoutent foi sans difficulté ».

## DOCUMENT G

*Copie de la lettre adressée par le Général Noizet à M. Claretie.*

Charleville, le 19 juin 1884.

M. Jules Claretie, rédacteur du *Temps*,
à Viroflay (Seine-et-Oise)

Monsieur,

Vous vous adressez à un vieillard infirme avancé dans sa 93e année et qui a quitté l'administration des chemins de fer de l'Est (*mon oncle était membre du conseil d'administration des chemins de fer de l'Est depuis de longues années*) lorsqu'il a reconnu qu'il n'y pouvait plus rendre aucun service. Vous ne devez donc pas vous attendre à ce que je vous donne de bien utiles renseignements. Néanmoins je vais essayer de répondre à vos deux interrogations en ajoutant même quelques détails dont vous ferez tel usage que vous jugerez à propos.

En 1814, en rentrant à la paix des prisons

de Hongrie (de Szegedin), j'entendis parler à Paris des séances de somnambulisme que tenait l'abbé Faria, rue de Clichy dans un bâtiment dépendant de l'ancien jardin de Tivoli. Je m'y rendis moins par curiosité de spectacle qu'avec le désir d'acquérir quelques notions précises sur ce que j'avais entendu dire du magnétisme animal.

Je vis là un grand et beau vieillard, les cheveux noirs à moitié grisonnants, le teint bronzé, la figure allongée, le nez busqué, les yeux grands et saillants, une espèce de belle tête de cheval, comme je me le dis alors, j'appris qu'il était Indien portugais prêtre à Goa. Il y avait chez lui nombreuse, belle et aristocratique société, plusieurs jeunes officiers de cavalerie, et en tout, trente à soixante personnes ayant chacune fait, en entrant, une offrande de trois francs.

La séance commençait par une lecture monotone et embarrassée d'un manuscrit dans lequel l'auteur donnait l'explication de son système. Il y insistait sur ce point que, dans les faits qu'il produisait rien ne venait de lui-même, mais dépendait uniquement du sujet sur lequel il opérait et dont la conviction était le seul principe de tous les efforts obtenus. Il repoussait aussi avec force que l'action du *Démon* fût pour quelque chose dans les phénomènes qui se produisaient, et n'admettait pas davantage l'intervention d'un fluide magnétique quelconque.

Enfin après une demi-heure d'impatience de l'auditoire, les expériences commençaient. Il y avait auprès de lui une espèce de gouvernante et une ou deux personnes habituées sur lesquelles il produisait le somnambulisme par le simple fait de son commandement, puis il s'adressait au public et choisissait trois, quatre, cinq ou un plus grand nombre de personnes sur lesquelles il essayait d'obtenir des phénomènes analogues. Il les faisait asseoir commodément, leur disait de penser au sommeil, de le regarder, il fixait lui-même de loin des grands yeux sur eux, leur montrait le revers élevé de sa main, avançait de quelques pas, puis baissait brusquement le bras devant eux en leur ordonnant avec autorité de dormir. Quelquefois, mais rarement, il marchait jusque près d'eux et leur appuyait le doigt sur le front et il répétait le commandement : *Dormez*. Trois fois au moins sur cinq, je l'ai vu réussir ainsi au bout de moins d'une minute. Je me suis moi-même soumis à son action, mais il n'est parvenu qu'à me paralyser la paupière en m'empêchant d'ouvrir les yeux jusqu'à ce qu'il m'eût ordonné de voir de nouveau. Je conduisis chez lui un jeune étudiant en droit, assez malingre, qui s'endormit au premier essai, qui causa, comme le font tous les somnambules, mais qui fut si honteux à son réveil, qu'il ne voulut plus retourner chez l'abbé, et qu'il refusa même de se soumettre à quelques essais de ma part. Il demeurait avec l'un de mes parents qui faisait lui-même son droit et j'en profitai pour m'assurer en l'interrogeant pendant son sommeil ordinaire, après lui avoir, pendant quelque temps, posé la main sur le front, qu'il était en effet somnambule naturel, bien qu'il ne se levât pas la nuit.

Après avoir assisté à une dizaine de séances, je reçus un ordre de service du ministre de la Guerre, et je me rendis à Boulogne d'où je partis, huit mois après, pour la campagne de

Waterloo ; l'armée ayant été licenciée, je restai cinq mois de 1815 à Paris, attendant le jugement qu'on disait devoir porter contre nous, car, j'étais un brigand de la Loire, comme on nous appelait alors, et pendant ce loisir, j'eus l'idée d'aller revoir le pauvre abbé dont j'appris la triste aventure ? Il me reçut avec grande joie et fit tant qu'il me décida à relire avec lui le manuscrit de son ouvrage, afin d'y corriger quelques irrégularités de style que sa qualité d'étranger n'avait pas moyen d'y laisser introduire. Je commençai donc ce laborieux travail sans contredire aucune de ses idées théoriques et ne m'occupant que des phrases ; mais je trouvai un homme si entêté que je regrettai bientôt ma trop facile condescendance. Enfin, je repris mon rang dans l'armée, je reçus de nouveaux ordres du ministre, et je ne revis pas l'abbé qui mourut oublié quelques années après. Ce que je puis ajouter c'est que je fus intimement convaincu de la bonne foi du pauvre Faria, de la réalité des effets qu'il obtenait, de la justesse d'une grande partie de sa doctrine, tout en croyant que son aspect physique, le jeu de sa physionomie et sa propre assurance étaient pour quelque chose dans l'éveil de la conviction des sujets sur lesquels il opérait.

(*La seconde partie de la lettre est relative à son* Mémoire *sur le somnambulisme*).

Il conclut : « Peu après la publication de ces mémoires, le libraire Baillière, de la rue de l'Ecole de Médecine, me pria de lui en donner un exemplaire, en me disant qu'il avait une collection d'ouvrages sur la même matière et m'offrit de me donner en communication l'ouvrage en trois volumes de l'abbé Faria. Je n'avais même pas achevé de lire le premier volume l'auteur a-t-il trouvé un correcteur pour les autres ? Je remerciai M. Baillière[1], car je n'avais pas le temps de m'occuper d'autre chose que de mon métier, si je vous parle de ce fait, c'est afin que si vous le désiriez, vous puissiez retrouver l'œuvre de Faria.

Pour copie conforme,

NOIZET.

Ancien magistrat, neveu du général Noizet.

1. MM. Baillière nous disent qu'ils n'ont pas connaissance des autres volumes de Faria.

(2) DOCUMENTS LITTÉRAIRES

DOCUMENT H

---

LA

# MAGNÉTISMOMANIE,

## COMÉDIE-FOLIE

EN UN ACTE MÊLÉ DE COUPLETS,

**Par M. Jules VERNET ;**

*Représentée pour la première fois, à Paris, sur le Théâtre des VARIÉTÉS, le 5 Septembre 1816.*

---

## *PERSONNAGES* Acteurs.

| | |
|---|---|
| SOPORITO, Magnétiseur. . . . | M. Potier. |
| LAFOSSE, Médecin . . . . . | M. Fleury |
| LEON, Fils de Lafosse. . . . | M. Léonard. |
| LABRIE, Valet de Lafosse . . | M. Casot. |
| L'EVEILLE. Elève Magnétiseur. | M. Vernet. |
| CÉCILE, Fille de Soporito . . | Mlle Lafond. |
| JUSTINE, Suivante de Cécile . | Mlle Cuisot. |
| UN BOSSU . . . . . . . . | M. Georges. |
| UN AVEUGLE. . . . . . . | M. Legrand. |
| UN RACHITIQUE. . . . . . | M. Amable. |
| UN BÈGUE . . . . . . . . | M. Béquet. |

Troupe d'abonnés au Magnétisme.
Garçons de l'hôtellerie.

---

*La scène se passe à Saint-Maur, à l'hôtel* de la Grâce de Dieu.

---

Le théâtre représente une salle d'auberge. A droite du spectateur est placé en gradins plusieurs banquettes ; à gauche, un grand fauteuil et plusieurs de grandeur ordinaire.

# La Magnétismomanie,

## COMÉDIE-FOLIE

---

### SCÈNE PREMIÈRE

#### JUSTINE, LÉON

JUSTINE.

Votre démarche, M. Léon, est de la dernière imprudence.

LÉON.

Imprudence... tant que tu voudras ; mais je ne puis vivre de Cécile.

JUSTINE.

Raisons d'amoureux que cela ; vous aimez ma maîtresse, je le sais, mais réfléchissez donc que M. Lafosse, votre père, vous croit à Paris, tout entier à l'étude de la médecine ; faites-vous une idée de sa colère, s'il apprend que vous êtes incognito à Saint-Maur, à deux pas de sa maison de santé, sur les traces d'une jeune personne, qui, peut-être, ne lui conviendra pas, et que vous-même n'êtes pas certain d'obtenir.

LÉON.

Il n'est que trop vrai ; sans connaître M. Scporito, j'osai, dans une lettre respectueuse, lui demander la main de Cécile ; pour toute réponse, il m'écrit que son intention n'est pas de marier sa fille ; voilà son billet.

JUSTINE.

Monsieur est laconique, et je pense qu'il ne

nous a fait venir à Saint-Maur, que pour nous soustraire à votre poursuite.

LÉON.

Qu'il ne l'espère pas. A quelque prix que ce soit, j'aurai son consentement. En arrivant hier à Saint-Maur, j'ai appris que vous logiez à l'hôtel *de la Grâce de Dieu ;* voilà trois mortels jours que je suis séparé de ma Cécile, tu ne saurais, sans injustice, m'empêcher de la voir.

JUSTINE.

C'est impossible, monsieur ; ma maîtresse n'est pas encore visible.

LÉON.

Je suis certain du contraire.

AIR : *Quand on ne dort pas de la nuit.*

Ma tendresse n'est pas un jeu,
A mes désirs deviens propice.

JUSTINE.

Je ne le puis, j'en fais l'aveu.
L'hôtel de la Grâce de Dieu
Pour vous est-il donc un hospice ?
Sachez, monsieur le Médecin,
Qu'il vous faut partir au plus vite :
Chez nous ce n'est pas si matin
Que l'on vient (*bis.*) faire sa visite (*ter.*).

## SCÈNE II

LES PRÉCÉDENTS, LABRIE.

LÉON.

Ah ! te voilà Labrie, eh ! bien, qu'as-tu appris?

LABRIE.

Eh, morbleu! les plus fâcheuses nouvelles.

LÉON.

Tu m'effrayes, les obstacles seraient-ils insurmontables?

LABRIE.

Insurmontables, non; mais difficiles à surmonter.

JUSTINE.

Explique-toi promptement, M. Soporito pourrait nous surprendre.

LABRIE.

Je ne crains pas cela, il est trop occupé avec ses incurables.

LÉON.

Je ne vois pas alors ce qui peut nous allarmer. Il paraît, d'après ce que tu dis, que M. Soporito est médecin, et entre confrères...

LABRIE.

Eh! monsieur, plût à Dieu qu'il le fût; mais M. Soporita, Soporito, comme il vous plaira de le nommer, est bien pis encore.

LÉON.

Bien pis? Insolent.

LABRIE.

Bien pis, bien mieux; je ne sais, ma foi, lequel lui convient davantage.

LÉON.

Ah! çà, que veux-tu dire à la fin?

LABRIE.

Je veux dire, monsieur, qu'après les plus minutieuses informations, j'ai appris que le père de mademoiselle Cécile est égyptien d'origine, que sa fortune est fort modeste, mais qu'il jouit d'une réputation colossale, qu'il justifie et accroît chaque jour, par de nouveaux miracles ; qu'il n'occupe un appartement dans cet hôtel, que depuis quelque temps, et à la demande générale des incurables de Saint-Maur, qui viennent de déserter la maison de santé de monsieur votre père, pour être guéris, disent-ils, par le somnambulisme du grand magnétiseur Soporito.

JUSTINE.

Du grand magnétiseur Soporito. Ah ! ah ! ah !

LABRIE.

Je te conseille de rire, pour moi, je ne vois là rien de plaisant.

LÉON.

Il a raison ; mon père, exempt de préjugés, est l'ennemi le plus déclaré du magnétisme, et si M. Soporito lui enlève ses malades...

LABRIE.

Eh ! monsieur, ils sont bien venus le chercher... l'un portant l'autre ; il faut qu'il les aient ensorcelés.

JUSTINE.

Eh ! bien, ils se désensorcéleront, et retourneront au bercail comme des brebis égarées.

LABRIE.

N'en croyez rien, monsieur, le magnétisme est une fureur à Paris, la banlieue n'a pu éviter sa contagion ; ils ont une rage d'être magnétisés, qui va... jusqu'à la frénésie. Quant à moi, je ne sais plus que penser des merveilleux effets qu'ils attribuent à la science des sciences ; vous en frémirez, vous, monsieur, comme médecin, quand vous les connaîtrez.

Air : *Le briquet frappe la pierre.*

Cette sublime science,
Par des prodiges nouveaux,
Guérit, prévient tous les maux.
Quand d'une aveugle croyance
On en attend les effets,
On est certain du succès : (*Bis.*)
Moi, je vois le magnétisme,
Par ses bienfaits plus qu'humains,
A messieurs les médecins
Faire de nombreux larcins !
Car, par le somnambulisme,
Le monde sera traité,
Si par la crédulité
On retrouve la santé
On peut retrouver la santé. (*Bis.*)

LÉON.

Laisse-là tes conjectures, et songe à nous tirer d'embarras au plutôt.

JUSTINE.

Sans doute.

LABRIE.

C'est bien à quoi je pense ; mais, franchement, je ne suis pas sans quelque crainte ; M. Soporito a, dit-on, aussi le pouvoir de paralyser les gens quand cela lui plaît, s'il vient à deviner mes projets, il peut, d'un geste, me clouer à ma place, et alors...

JUSTINE.

Alors, on se passera de toi.

LABRIE.

On se passera de moi ; mais c'est que je serai obligé de m'en passer aussi, moi.

JUSTINE.

Craintif personnage, encore un mot, et tu perds mon estime.

Air : *Du pain sec et du fromage.*

Il est une espèce d'homme
Doué de plus d'un moyen,
Qui de promesses assomme
Ceux qui n'ont besoin de rien
Quand vous le prenez au mot,
Son grand génie aussitôt,
Sans qu'il soit magnétisé,
Se trouve paralysé,
Oui, se trouve paralysé.

LABRIE.

Justine veut piquer mon amour-propre ; cette défiance me donne la certitude qu'elle nous secondera de tout son pouvoir. Sois tranquille, et vous aussi, monsieur, je vais profiter des momens, et tâcher de mériter, par mon adresse, ma fidélité, et mon désintéressement, la petite dot que vous avez promise à Justine.

JUSTINE.

Songe avant à me meriter moi-même.

LABRIE.

C'est déjà fait. Cours prévenir ta maîtresse. Je ferai ensorte de t'instruire de mes projets. Vous, monsieur, venez avec moi, et ne commettez aucune imprudence qui puisse entraver mes opérations.

Air : *Honneur cent fois au brave.*

Conservez l'espérance,
Et vous verrez dans peu

Que de toute science
L'Amour se fait un jeu.

LÉON.

Je me livre avec confiance.

JUSTINE, *en lui donnant une bourse.*

Afin de mieux te disposer,
Reçois sur ta dot une avance,
Et pour ta maîtresse un baiser.

*(Il l'embrasse.)*

LABRIE, *bas à Justine.*

Je te pardonne l'un en faveur de l'autre. Donne-moi la bourse.

TOUS.

Conservez l'espérance,
Et vous, etc.

*(Ils sortent.*

## SCÈNE III

SOPORITO, *précédé d'une troupe d'impotents.*

CHŒUR.

AIR *de la Dansomanie.*

Bénissons sa rare science,
Et par un hommage nouveau,
Chantons, tour à tour, la puissance
Du célèbre Soporito.

*Soporito dissipe le fluide, le tems que chaque estropié chante son couplet.*

UN BANCALE.

Pour lui, les maux sont des vétilles
Gloire, honneur à son art divin,
Au lieu d'une, j'ai deux béquilles,
Et je vais plus droit mon chemin.

SOPORITO

Il parle sans détour.

TOUS.

Bénissons, etc.

UN AVEUGLE

Le sort me priva de la vue ;
Mon conducteur me coûtait bon.
Par une grâce inattendue,
Je vais seul... avec un bâton.

SOPORITO.

C'est tout clair.

TOUS.

Bénissons, etc.

UN BOSSU.

D'un certain poids, avec franchise
J'espère enfin me dégager ;
Car depuis qu'on me magnétise,
Je me sens déjà plus léger.

SOPORITO.

C'est tout naturel.

TOUS.

Célébrons sa rare science,
Et par, etc.

UN BÈGUE, *en bégayant.*

Ma langue, hélas ! presque invalide,
Tournait avec difficulté ;
Effet merveilleux du fluide
Je parle avec facilité !!!

SOPORITO.

Ça part de source.

TOUS.

Bénissons, etc.

SOPORITO.

Assez, mes amis, assez. De grâce ménagez ma

modestie... Et toi, divine essence, principe de la vie, toi, par qui l'homme en s'élevant au-dessus de lui-même, peut se rapprocher de ce flambeau de lumière dont la clarté surnaturelle lui dévoile les secrets les plus cachés de la nature ! Magnétisme animal, enfin... ne permets pas que mon amour-propre, ma vanité, s'approprient un encens qui t'appartient, et dont je ne suis pas digne par une raison toute simple... Mes amis, mes enfants, je ne vous retiens plus, sur-tout ne manquez pas d'être exacts à l'heure, pour la séance extraordinaire d'aujourd'hui ; allez, et croyez.

AIR : *Deux lièvres à-la-fois.*

Chez moi, bientôt vous verrez l'affluence,
Disant que le magnétisme animal
Guérit toujours, par sa seule influence,
Avec succès, et physique et moral.
Pour que chacun, ainsi que vous, s'abonne,
Dites, enfin, en indiquant ce lieu,
Que j'entreprends tous ceux qu'on abandonne
A la Grâce de Dieu (*bis.*)

CHŒUR.

Bénissons, etc.

(*Ils sortent.*)

## SCÈNE IV

L'ÉVEILLÉ *entre avec une tête à perruque, qu'il pose sur un coin de la scène, et qu'il magnétise.*

## SCÈNE V

### SOPORITO, L'ÉVEILLÉ.

SOPORITO, *le regardant avec pitié.*

Eh ! bien, qu'est-ce que tu fais là ?

L'ÉVEILLÉ.

Dame, monsieur, vous le voyez bien ; je m'exerce.

SOPORITO.

Comme tu t'y prends bêtement.

L'ÉVEILLÉ.

Je fais juste comme vous.

SOPORITO.

Je vous demande un peu quelle dégaine... Ah! ça ; est-ce que tu t'imagines que tu pourras jamais endormir ton monde avec ces manières-là ? Allons donc, plus d'élasticité, arrondis tes mouvemens. Je ne te conçois pas, je t'ai pourtant dit vingt fois que la grâce et l'élégance étaient pour beaucoup dans le magnétisme animal. Je ne ferai jamais rien de toi, décidément, tu es trop bête.

(*Pendant ce dialogue, Labrie entre furtivement, une lettre à la main, il passe dans la chambre de Cécile, et en sort à la fin de la scène, en feignant d'entrer par le fond*).

L'ÉVEILLÉ.

Ma foi, monsieur, si vous ne m'aviez pas dit que j'avais tout ce qu'il faut pour être magnétiseur, je ne me serais jamais avisé...

SOPORITO.

Allons, en voilà assez ; vas voir si ma somnambule est arrivée...

L'ÉVEILLÉ.

J'y vas.

## SCÈNE VI

LES PRÉCÉDENTS, LABRIE.

LABRIE, *à L'Éveillé.*

M. Soporito.

L'ÉVEILLÉ.

Monsieur, on s'abonne au mois ou au cachet

LABRIE.

Je voulais avoir affaire à lui-même.

L'ÉVEILLÉ.

Attendez un moment. (*A Soporito.*) Monsieur, voilà quelqu'un qui vient pour un abonnement de santé.

SOPORITO.

Eh ! bien, fais entrer, et laisse-nous.

L'ÉVEILLÉ, *à Labrie.*

Monsieur, vous pouvez vous introduire.

(*Il sort.*)

## SCÈNE VII

SOPORITO, LABRIE.

LABRIE.

Monsieur...

SOPORITO.

Approchez, mon ami.

LABRIE.

Monsieur, je viens vous implorer pour un jeune cavalier ; dont chacun désespère, et qui n'attend plus rien que d'un miracle magnétique.

SOPORITO.

Son attente ne sera pas trompée. Cette confiance lui fait honneur.

AIR : *Sur l'Hélicon de docte promenade,*
ou *Ces postillons sont d'une maladresse.*

Oui, je le dis pour tous tant que nous sommes,
Le magnétisme est le bien sans pareil.
Pour appaiser les souffrances des hommes,
Les yeux fermés, je les livre au sommeil.

LABRIE.

Qu'à sommeiller, l'œil clos, ils se conforment,
Je le conçois, car je connais bien mieux
Certains maris que leurs femmes endorment,
Sans leur fermer les yeux. (*bis.*)

Monsieur, mon malheureux maître a grand besoin de vous, car il est tourmenté par une continuelle insomnie.

SOPORITO.

Absence totale du fluide qu'il s'agit de ranimer, je vois ce que c'est.

LABRIE.

On a tout employé, monsieur, *pavot, opium, laudanum,* rien n'y fait.

SOPORITO.

Parbleu, je le crois bien, mon ami, si votre maître veut avoir confiance en moi, il faut qu'il commence par me jetter par la fenêtre... toutes ces drogues-là, rien n'y fait, rien n'y fait ; c'est tout simple ; épuisement général qui produit l'insensibilité.

LABRIE.

C'est sans doute cela, monsieur.

AIR *du Confiteor.*

A votre savoir j'ai recours ;
Qu'un mot, un geste, je vous prie,
En venant à notre secours,
Termine sa longue insomnie ; (*bis.*)
Vous, dont l'esprit, l'éloquence sur-tout,
Font dormir le monde debout.

SOPORITO.

Je n'ai absolument qu'à parler.

LABRIE.

Ah ! monsieur, vous me rendez l'espérance.

SOPORITO.

L'espérance ! je ferai mieux que cela, j'ai déjà rendu la vie à Saint-Maur...

LABRIE.

Quoi, monsieur, vous ressussitez les morts !

SOPORITO.

Qu'est-ce qui vous parle de ressusciter les morts... il est possible qu'avec le temps et par un travail opiniâtre, je puisse... Mais il n'est pas question de cela... je vous dis que j'ai déjà rendu la vie à Saint-Maur, à beaucoup de personnes, et que je ne vois pas la raison pourquoi je n'endormirais pas votre maître aussi bien que les autres.

L'ÉVEILLÉ.

En vérité ? comment, même sans l'avoir vu, vous êtes sûr...

SOPORITO.

Certainement, je suis toujours sûr... plus ou

moins, puisque c'est général, et parbleu vous-même, attendez... avez-vous la transpiration difficile ?

LABRIE.

Mais assez, cependant rien qu'en vous regardant, je sens déjà une moiteur.

SOPORITO.

Baissez les yeux et regardez-moi (*il le regarde*) : vous pouvez rester tranquille, vous avez tout ce qu'il faut pour l'*être*.

LABRIE.

Pour l'être ? eh quoi, s'il vous plaît ?

SOPORITO.

Parbleu, somnambule.

LABRIE.

Vraiment ! et bien je le crois sans peine ; car mon père l'a été, ce qui lui fut même funeste plus d'une fois.

AIR : *Il ne faut jurer de rien,*
ou *Il n'faut pas dire fontaine.*

On prétend (cela peut être),
Qu'il fut surpris bien souvent,
Se trompant de logement,
Chez ses maîtres, nuitamment,
Pénétrant par la fenêtre ;
Même en déplaçant au mieux
Nombre d'objets précieux !...

SOPORITO.

Il dormait, j'en ai l'indice ;

LABRIE.

Quoiqu'il fût homme de bien,
Croiriez-vous que, par malice,
La justice n'en crut rien.

SOPORITO.

Cela ne me surprends pas du tout, il est mille et un somnambule de cette espèce-là, à qui cela arrive tous les jours.

LABRIE.

Quant à mon maître, c'est différent, c'est le manque de sommeil qui le tue... il est d'une faiblesse !!!...

SOPORITO.

C'est tout naturel, mais quand il n'aurait que le soufle, je ne suis pas inquiet de lui.

LABRIE.

Tout de bon ?

SOPORITO.

Je vous assure que sa vie est le moindre de mes soucis, dites-lui seulement de se présenter à la séance.

LABRIE.

Ainsi, monsieur, vous le rendrez à ses parens, à...

SOPORITO.

Eh sans doute ! vous voyez bien d'après ce que vous me dites ; il est facile de comprendre que ses organes privés du principe vital qui leur est nécessaire, vont naturellement recevoir avec avidité cette émanation régénératrice dont le pouvoir saura, par un accroissement d'embonpoint progressif, faire dissoudre le moteur secret de son mal et même en dissiper jusqu'aux moindres signes pathognomoniques.

LABRIE.

Pato...

SOPORITO.

Gnomoniques.

LABRIE.

Ah! monsieur, c'est superbe...

(*Il veut prendre le pan de l'habit de Soporito pour le baiser par respect, celui-ci qui croit qu'il veut lui prendre son mouchoir, le retire avec vitesse.*

## SCÈNE VIII

LES PRÉCÉDENTS, L'ÉVEILLÉ.

LABRIE.

Je cours chercher mon maître et lui dire que par le somnambulisme vous pouvez...

SOPORITO.

Tout !!!

LABRIE.

Je me prosterne, monsieur.

SOPORITO.

AIR *du vaudev. de Lantara.*

Oui, par le somnambulisme,
Je vois jusqu'au fond du cœur.

LABRIE.

Au genre humain, votre prisme
Doit inspirer la frayeur.

SOPORITO.

De même avec assurance,
Dans l'âme, lire tout bas.

LABRIE.

On peut s'y tromper, je pense,
Car bien des gens n'en ont pas.

(*Il sort.*)

## SCÈNE IX

### SOPORITO, L'ÉVEILLÉ.

SOPORITO.

Allons, allons, encore une cure qui me fera autant d'honneur que les autres.

L'ÉVEILLÉ, *à part.*

Oui, autant d'honneur que les autres, c'est ça. (*Haut*). Monsieur, v'là les lettres.

SOPORITO.

Qu'est-ce que c'est que ça ? Je t'ai déjà dit que je ne voulais pas de lettres qu'elles ne fussent affranchies... toujours des ports, je ne vois que des ports.

L'ÉVEILLÉ.

Monsieur, on est venu pour cette jeune fille que vous endormez de tems en tems.

SOPORITO.

Eh ! bien, après ?

L'ÉVEILLÉ.

C'est que vous étiez si pressé hier, que vous ne l'avez éveillée que de l'œil droit.

SOPORITO.

C'est une gaucherie, j'en conviens ; j'en ai tant dans la tête.

L'ÉVEILLÉ.

Et puis, il est venu aussi un monsieur

SOPORITO.

Je sais bien... C'est un Anglais, qu'il faut que j'engraisse.

L'ÉVEILLÉ.

C'est plutôt pour le maigrir... Un homme qui est gros, grand, gras.

SOPORITO.

C'est différent, alors.., eh! bien, ça vient bien à-propos ; je vois déjà où je placerai ça.

L'ÉVEILLÉ.

Comment, monsieur, vous allez faire passer son embonpoint sur le corps d'un autre ?

SOPORITO.

Ah ça eh bien ! qu'est-ce que tu veux que j'en fasse:

L'ÉVEILLÉ (*le regardant du haut en bas.*)

Ma foi écoutez donc, monsieur, sauf votre respect et meilleur avis, il me semble...

SOPORITO.

Eh bien, qu'est-ce qu'il te semble? quand tu me regarderas, imbécile.

L'ÉVEILLÉ.

Imbécile, imbécile...

AIR : *Eh ! ma mère, est-ce que j'sais ça ?*

Certes, j' n'ai pas vos lumières,
Et j'ai vu d'certains traitans,
Grands magnétiseurs d'affaires,
S'engraisser en peu de tems.
Monsieur, j'vous en d'mande grâce ;

Mais je n'conçois pas très-bien
Qu' l'embonpoint, dans vos mains passe,
Et qui n'vous en reste rien.

SOPORITO.

C'est ça... Ne veux-tu pas que je sois comme un *happe* chair qui ne pense qu'à soi. J'ai toujours été extraordinairement délicat... je n'ai jamais su ce que c'était que de profiter d'ailleurs. Je n'ai pas besoin d'un embonpoint populaire ; je dois m'oublier pour ne penser qu'aux autres ; mais... Voilà bientôt l'heure de la séance, dispose la salle.

L'ÉVEILLÉ (*arrangeant les sièges.*)

Eh bien, monsieur, si c'est un homme à refaire et que votre gros anglais n'vienne pas, où prendrez-vous de quoi...

SOPORITO.

Si ce gros anglais ne vient pas ? eh bien est-ce que tu n'es pas là, toi ?

L'ÉVEILLÉ.

Moi, du tout, monsieur, je vous remercie de la préférence, pour peu que vous puisiez encore dans mon individu, avec votre somnambulisme, je ne serai bientôt plus, en vérité, qu'un songe creux.

SOPORITO.

Je te conseille de te plaindre..., quand je te mets dans un état de béatitude !!...

L'ÉVEILLÉ.

C'est ça,... belle attitude !... être là...

SOPORITO, *lisant une lettre.*

Qu'est-ce que c'est que ça ?

« Monsieur, l'intérêt que mérite votre juste réputation, m'oblige à vous prévenir que la somnambule que vous attendez aujourd'hui, se trouve dans l'impossibilité de se rendre à Saint-Maur, attendu que votre confrère de la Chaussée d'Antin l'a si bien endormie, il y a aujourd'hui quinze jours, qu'il ne peut plus la réveiller. Ainsi, ne comptez pas sur elle jusqu'à nouvel ordre.

(Un abonné.)

L'ÉVEILLÉ.

Là, j'en étais bien sûr. Ecoutez donc, monsieur, vous deviez bien penser qu'elle ne pouvait pas aller loin ; elle avait trop de mal.

SOPORITO.

Trop de mal... Vous êtes tous de même.

L'ÉVEILLÉ.

Certainement, enfin, pas une minute de repos, toute la journée dormir.

SOPORITO.

Je sais bien que c'est fatigant.. Où trouver maintenant...

(*On entend la ritournelle de l'air suivant.*)

L'ÉVEILLÉ.

Monsieur, je crois que v'là ce jeune homme dont on vous a parlé.

SOPORITO, *à part.*

Pour le coup, si je sais comment je vais faire...

## SCÈNE X

LES PRÉCÉDENTS, LABRIE.

LABRIE.

AIR : *Me voilà.*

A la parque cruelle,
Arrachez un mourant...
De la gloire immortelle,
La palme vous attend ;
Bientôt votre science,
Le ressuscitera.
C'est lui-même ;
Il s'avance.
Le voilà ! le voilà ! (*4 fois.*)

## SCÈNE XI

SOPORITO, L'ÉVEILLÉ, LABRIE, LÉON.

(*Ce dernier entre, appuyé sur l'Éveillé.*)

SOPORITO, *à part.*

Ma foi, au hasard. (*A Léon.*) Allons, allons, mon ami ; du courage, et de la confiance ; oh ! sur-tout une confiance sans bornes, confiance aveugle. Votre insomnie touche à sa fin.

LÉON.

Ah ! monsieur, je le désire plus que je ne l'espère.

SOPORITO.

Et moi je vous en réponds, à l'aide du magnétisme et plus encore par le secours de ce fauteuil narcotique...

LABRIE.

Un fauteuil narcotique ?

SOPORITO.

Sans doute, c'est le spécifique universel.

LABRIE et LÉON.

En vérité ?

SOPORITO.

Certainement.

AIR : *Prenons d'abord l'air bien méchant.*

Ce talisman, long-temps cherché,
Avec une espérance vaine,
Par moi, fut enfin déniché,
Sur l'autre rive de la Seine.
A l'épreuve, je fus surpris ;
Car dans ce meuble magnétique,
Quarante se sont endormis ;
Pour le sommeil il est sans prix ;
C'est un fauteuil académique. (*bis.*)

LABRIE.

Mais, monsieur, je ne vois pas votre somnambule.

SOPORITO.

Soyez tranquille (*il appelle*) l'Éveillé, l'Eveillé.

L'ÉVEILLÉ.

Voilà, monsieur.

SOPORITO.

Allons, allons, promptement dans le fauteuil, vite couchez-là.

L'ÉVEILLÉ.

Ah ! bien, tiens, ma foi non, d'ailleurs, monsieur, ça ne prendra pas, je suis à jeun.

SOPORITO.

Il a raison...

LABRIE.

Et n'avez-vous personne ici ?

SOPORITO, *à part.*

Pardonnez-moi. Parbleu, j'y pense, si je pouvais décider ma fille, quel trait de lumière ! ma foi, essayons ; je reviens à l'instant... ah ! dites-moi, n'avez-vous rien sur vous d'anti-magnétique.

LÉON.

Je n'ai absolument que ma bourse.

SOPORITO.

Eh bien ! il n'en faudrait pas davantage pour vous donner une attaque de nerfs. L'Eveillé débarrasse monsieur de tous ses métaux.

LABRIE, *à l'Éveillé.*

C'est bon, je me charge de ce soin. *Soporito sort.*

## SCÈNE XII

LES PRÉCÉDENS, excepté SOPORITO.

LÉON, *se levant du fauteuil.*

Oh ! la bonne folie, à merveille, mon ami.

LABRIE.

Eh monsieur, observez-vous donc on va vous entendre.

LÉON.

Ma foi, laisse-moi respirer, j'ai pensé vingt fois éclater devant lui.

LABRIE.

Il s'agit bien d'éclater, songez plutôt à tout ce dont nous sommes convenus : j'ai instruit Justine, sans doute elle a prévenu sa maîtresse; croyez-moi, monsieur, l'occasion est favorable, ne la laissons pas échapper.

L'ÉVEILLÉ, *qui les a observé pendant ce dialogue.*

Ah ça, mais dites-moi, messieurs, y paraît que vous êtes des farceurs... eh bien tant mieux ! j'aime ça, moi.

LÉON.

J'espère que tu ne nous vendras pas ?

L'ÉVEILLÉ.

Oh ! non... vous n'avez plus de métaux ? c'est que ça ne prendrait pas.

LÉON.

Coquin, tu connais ton affaire, tiens, prends (*il lui donne une bourse*). Et soit discret.

L'ÉVEILLÉ.

Allez donc votre train, est-ce qu'il ne nous vient pas des malins comme vous tous les jours ? monsieur n'y prend pas garde, au contraire, il profite de ça.

LABRIE, *à Léon en lui montrant le fauteuil.*

Allons, allons, monsieur.

LÉON.

Quoi, tu veux sérieusement ?... je ne pourrai jamais...

L'ÉVEILLÉ.

Vous endormir ? vous êtes joliment bon, est-ce que je dors moi ? tiens, je fais semblant donc.

LABRIE.

Il a raison, monsieur, rien de si facile.

L'ÉVEILLÉ.

Eh vite donc ! vite donc ; voilà les abonnés, ah ! ça, messieurs, pas de plaisenteries devant eux, au moins.

## SCÈNE XIII

LES PRÉCÉDENS, LES ABONNÉS et LES INCURABLES.

CHŒUR.

AIR : *Ah ! la belle princesse.*

Ah ! la rare science,
Ce prodige nouveau,
Doit illustrer en France,
Le grand So... porito.

L'ÉVEILLÉ.

Silence ! voilà monsieur.

## SCÈNE XIV

LES PRÉCÉDENS, SOPORITO, JUSTINE, CÉCILE.

SOPORITO, *à Cécile.*

AIR *de M. Patrat.*

Viens, de la science divine,
Par moi connaître le secret.

(*Ensemble.*)

LABRIE.

Par mon billet, déjà Justine
A su pénétrer mon projet.

JUSTINE.

Sachons, en soubrette maline,
Seconder un galant projet.

CÉCILE et LÉON.

Amour, que ta bonté divine,
D'un amant serve le projet.

L'ÉVEILLÉ.

Not'maître espère, j'imagine,
Qu' mam'zell' servira son projet.

SOPORITO.

Fermez les yeux.

TOUS.

La friponne l'entend de reste.

SOPORITO.

Fermez les yeux.
Fort bien !...

TOUS.

La friponne l'entend de reste.

SOPORITO.

Tous deux s'endorment, je l'atteste.

SOPORITO, L'ÉVEILLÉ.

Heureux moments de { mes / ses } projets,
Je n'espérais pas le succès,
J'espérais peu le succès.

LÉON, LABRIE, JUSTINE et CÉCILE.

Dieu des amans, par tes bienfaits,
Viens assurer notre succès.
Assure notre succès.

SOPORITO.

Par sa voix, bientôt, sans prestige,

TOUS, *bas.*

Effet merveilleux du prestige.

SOPORITO.

Nous apprendrons.

TOUS.

Nous apprendrons,

SOPORITO.

Nous connaîtrons,

TOUS.

Nous connaîtrons.

SOPORITO.

Grâce à ce rare prodige,
La source du mal qui l'afflige.

JUSTINE, *à part*.

Ah ! pour apaiser son tourment,
L'amour doit dicter l'ordonnance.

ENSEMBLE TOUS LES HOMMES.

Ils sommeillent, assurément ;
Recueillons-nous, faisons silence.

JUSTINE, CÉCILE LÉON.

Ah ! pour appaiser son tourment,
L'amour doit dicter l'ordonnance.

ENSEMBLE.

Heureux momens, de mes projets
Je n'espérais pas le succès.

SOPORITO.

Dormez-vous ?

LÉON.

Oui.

SOPORITO.

Où souffrez-vous ?

LÉON.

Au cœur.

SOPORITO.

J'en étais sûr ; et vous ma somnambule ?

CÉCILE.

Au cœur.

SOPORITO.

Chut !!!... (*A Léon.*) Voyez-vous vos moyens curatifs ?

LÉON.

Il n'en est qu'un seul.

AIR : *A l'ombre d'un vieux chêne.*

Deux cœurs qu'amour enchaîne,
Par vous sont en rapport ;
Si leur attente est vaine,
C'en est fait de leur sort. (*bis.*)
Leur tendre sympathie
Réclame un nœud plus doux.
De vous devoir la vie,
Ils sont tous deux jaloux.

JUSTINE.

Entendez-vous ?

LABRIE.

Comprenez-vous ?

SOPORITO.

Je suis sûr que c'est un moyen unique, dites-nous le.

SOPORITO.

Est-ce que par hasard ce serait...

LABRIE.

Monsieur Léon, lui-même.

SOPORITO, *à part.*

Et moi qui bonnement les mets en rapport... mais ça ne se peut pas. (*Haut.*) Pas de plaisanterie, s'il vous plaît, pensez que tous les yeux sont ouverts sur moi.

LÉON.

Un mot de vous et ma guérison vous illustre à jamais.

LABRIE, *à Soporito.*

Il est capable de vous perdre de réputation.

SOPORITO.

Il faudrait si peu de chose, comment les faire taire. Ma foi je vais les paralyser.

Paralysé !!!...

*Léon et Cécile feignent d'être paralysés, Soporito indique à l'auditoire qu'il réussit et revient sur le devant de la scène.*

SOPORITO.

Au moins me voilà tranquille. C'est bien heureux que j'ai trouvé ce moyen-là.

*Le tems que Soporito est retourné, les amans se font des signes d'intelligence bien marqués.*

SOPORITO, *les apercevant.*

Paralysé !!! paralysé !!! paralysé !!!...

## SCÈNE XV ET DERNIÈRE.

LES PRÉCÉDENS, LAFOSSE.

LAFOSSE.

Où sont-ils ? où sont-ils ?

LÉON.

Ciel ! la voix de mon père.

(*Lafosse paraît.*)

LAFOSSE, *aux malades.*

Ah ! je vous retrouve enfin, malheureux !!! vous vous échappez, vous me fuyez, ingrats ! si la reconnaissance ne peut rien sur nous, depuis vingt ans que je vous traite, l'habitude n'a-t-elle aucun pouvoir ?

LÉON, *à part.*

Où me cacher ?...

LAFOSSE.

Que vois-je ! mon fils, un élève de Saint-Côme chez un magnétiseur !... Ah c'est trop fort !

LÉON.

Mon père, quand vous connaîtrez mademoiselle.

LAFOSSE.

Laissez-moi, monsieur. Infortuné Lafosse, devais-tu être payé d'ingratitude du seul être au monde, qui te doive la vie !!!

SOPORITO, *bas à Léon.*

Ne l'irritez pas davantage, je vais le calmer. Ma fille, avoir captivé un médecin, quel triomphe pour le magnétisme ! (*haut*). Allons, allons, confrère, entendons-nous.

LAFOSSE.

Confrère ! confrère ! retirez-vous, quelle audace ! tout m'accable à la fois ! (*Il tombe dans un fauteuil.*) J'étouffe de colère.

SOPORITO, *à Léon.*

Eh bien ! le voilà dans la situation où je le voulais (*il le magnétise*) allons, calme, calme... de la modération.

LAFOSSE, *en fureur.*

Suis-je bien éveillé ?

SOPORITO, *le magnétisant toujours.*

Dans un moment, vous ne le serez plus.

LAFOSSE.

Quoi ! vous osez sur un médecin ?...

SOPORITO.

Sans doute ; mon dieu ! tout comme sur un autre ; si ça ne vous fait pas de mal, ça ne vous fera pas de bien.

LAFOSSE.

Au diable, me prenez-vous pour un sot ?

SOPORITO.

Je ne dis pas le contraire. Mais qu'est-ce que ça vous fait? parbleu, ça n'a jamais tué personne.

LAFOSSE.

Croyez-vous que je suis la dupe de toutes vos niaiseries ?

SOPORITO.

Est-ce que vous vous imaginez que j'en sois la dupe moi-même ; parbleu, c'est comme des vôtres.

LAFOSSE.

Les miennes, qu'est-ce à dire ?

SOPORITO.

Eh bien ! sans doute, entre nous, là, nous savons bien à quoi nous en tenir là-dessus.

LAFOSSE.

Encore !...

LÉON.

Mon père, vous sortez de votre caractère.

LAFOSSE.

Eh ! monsieur, mes malades sortent de chez moi.

(*En se levant ; il fait sauter Soporito, qui va tomber près de ses incurables, en perdant presque l'équilibre.*)

LABRIE, *bas à Soporito.*

Songez qu'il y va de votre gloire.

JUSTINE, *à Lafosse.*

Par amitié pour votre fils.

CÉCILE.

Par égard pour votre dignité.

SOPORITO.

Nos enfans ont raison, c'est se compromettre soi-même ; convenez-en : vous me cherchez querelle pour rien.

LAFOSSE, *bas à Soporito.*

Pour rien ! pour rien ! monsieur, quand vous me ruinez... (*Très bas.*) Vous savez aussi bien que moi, que nos malades sont nos revenus !!! que nos malades nous font vivre.

SOPORITO.

A qui le dites-vous ? Mais, est-ce que l'on ne peut pas, sans s'emporter, s'arranger à l'amiable ; de mon côté, je vous promets des sacrifices...

LAFOSSE, *se radoucissant.*

Encore, il faudrait du moins savoir ?...

SOPORITO.

Mais, rien de si facile. Je ne suis pas un spoliateur... Ecoutez, je vous rends, au grand complet, votre fond d'incurables ; et, pour vous prouver mon désintéressement, je vous céderai même, en toute propriété, une grande quantité de malades que j'ai commencés à ma manière, et que vous achèverez à la vôtre.

LAFOSSE.

Au moins, voilà ce qui s'appelle parler.

SOPORITO,

Vous voyez bien qu'il ne s'agit que de s'entendre ; je ne suis pas si diable que je suis noir.

LAFOSSE.

Je ne dis pas... maintenant que...

SOPORITO.

Allons, allons ; eh bien ! c'est arrangé.

Air : *Quand j'avais l'âge,*
ou *Que nos enfans n'en sachent rien.*

Pour terminer nos différends,
Ensemble unissons nos enfans ;
Vos cures valent bien les nôtres
Et quand nous nous connaîtrons mieux,
Vous ne serez plus envieux.
Pourtant, soyons mystérieux.
Je poursuivrai mes travaux, vous les vôtres ;
Qu'ils réussissent mal ou bien...
Taisons-nous : chacun son moyen ;
Que le public n'en sache rien.

LAFOSSE.

Eh bien ! à la bonne heure.

ENSEMBLE.

Je poursuivrai mes travaux, etc.

LABRIE, *embrassant Justine.*

Vivat, nous l'emportons.

LÉON.

Ma chère Cécile !... (*A Soporito.*) Monsieur, que d'obligations !... vous me rendez la vie...

SOPORITO.

Vrai ?... Eh bien ! vous êtes le premier... qui me rendiez justice. (*Au médecin.*) Ah ! ça, confrère, vous voilà parfaitement en rapport, songeons maintenant que nous aurons des petits enfans à pourvoir ; doublons de zèle et d'activité.

LAFOSSE.

Il me paraît que vous n'en manquez pas, d'activité.

SOPORITO.

Dame ! écoutez donc, c'est que quand il s'agit de faire ses affaires, il ne faut pas s'endormir.

## VAUDEVILLE

JUSTINE.

AIR : *Ne vous déguisez pas.*

Vous, dont tout le savoir se fonde
A prédire la fin du monde,
De vos soins on est peu jaloux,
Endormez-vous ; (*bis.*)
Profès galants dans l'art de plaire,
Qui nous assurez le contraire,
Vos veilles offrent plus d'appas,
Ne vous endormez pas.

LAFOSSE.

Vous, qu'un médecin d'importance,
Par une timide prudence,

Fait long-temps languir sous ses coups,
Endormez-vous ; (*bis.*)
Mais, certains de sa vigilance,
Si, pour finir votre souffrance,
Vers Lafosse, on guide vos pas,
Ne vous endormez pas.

CÉCILE.

Insensés, dont la bouche impie,
Distillant le fiel de l'envie,
Répand la discorde chez nous,
Endormez-vous ; (*bis.*)
Mais vous, dont la douce éloquence,
Rend tous les Français à la France,
En semant des fleurs sous leurs pas,
Ne vous endormez pas.

LÉON.

Nobles soutiens de la couronne,
Guerriers, sur les degrés du trône ;
L'olivier nous ombrage tous ;
Endormons-nous ; (*bis.*)
Mais si quelque ligue ennemie
Osait troubler notre patrie,
Villageois, citadins, soldats !!!
Ne nous endormons pas.

SOPORITO, *au public.*

De ma somnifère science,
Si vous éprouvez l'influence,
Messieurs, sans bruit et sans courroux,
Endormez-vous ; (*bis.*)
Mais si, par un charme contraire,
De l'ennui j'ai su vous distraire,
Pour le prouver en pareil cas,
Ne vous endormez pas.

FIN

# DOCUMENT I

# MONTE-CRISTO

DRAME EN CINQ ACTES ET ONZE TABLEAUX

**De MM. Alexandre Dumas & Auguste Maquet**

*Représenté pour la première fois*
*au Théâtre-Historique, le 3 Février 1848*[1]

## ACTE TROISIÈME

### SIXIÈME TABLEAU. — LE CACHOT D'EDMOND AU CHATEAU D'IF

### SCÈNE IV

EDMOND, *seul, dans son cachot du château d'If.*

**Qu'est-ce que cela ?... ce bruit sourd, mystérieux, insaisissable ; j'ai déjà cru l'entendre hier... il me semble que je l'entends encore... Oui... oui... D'ou vient-il ?... De ce côté... de là ! il vient de là !... Oh !... ce sont sans doute des ouvriers qui réparent quelque cachot !... Non, non, ils frapperaient plus fort... ils n'emploieraient pas tant de précautions... On dirait la pression d'un ciseau sur des pierres... C'est là...**

1. Les rôles d'Edmond Dantès et de l'abbé Faria furent réprésentés par les acteurs Mélingue et Bonnet.

là... derrière mon lit... Oh ! mon Dieu ! on vient... que vient-on faire dans mon cachot ?... Ah ! c'est le geôlier qui m'apporte mon pain blanc et mon vin... Mon Dieu !... s'il allait entendre du bruit... Prévenons-le... Le voilà !

## SCÈNE VI

### EDMOND, *puis* UNE VOIX

EDMOND, *seul.*

Oui... oui... C'était bien un prisonnier... il a compris mon avis... et il a cessé... des ouvriers eussent continué, eux... Ah ! je respire ; mais s'il allait ne pas se remettre à l'ouvrage... s'il allait fouiller d'un autre côté... C'était là... là !... On n'entend plus rien... était-ce donc une erreur ?... O mon Dieu ! mon Dieu ! après m'avoir ôté la liberté... après m'avoir ôté le calme de la mort... mon Dieu ! qui m'avez rappelé à l'existence, mon Dieu ! ayez pitié de moi, et ne me laissez pas mourir dans le désespoir !

UNE VOIX

Qui parle de Dieu et de désespoir en même temps ?

EDMOND.

Oh ! j'ai entendu la voix d'un homme ! Au nom du ciel... vous qui m'avez parlé... parlez encore...

LA VOIX.

Qui êtes-vous ?

EDMOND.

Un malheureux prisonnier.

LA VOIX.

Votre pays ?

EDMOND.

La France.

LA VOIX.

Votre nom ?

EDMOND.

Edmond Dantès.

LA VOIX.

Je vous connais. Cette pierre qui me reste à percer donne donc dans votre cachot ?

EDMOND.

Oui.

LA VOIX.

A quel endroit de votre cachot ?

EDMOND.

Derrière mon lit.

LA VOIX.

A-t-on dérangé quelquefois votre lit depuis que vous êtes en prison ?

EDMOND.

Jamais !

LA VOIX.

Je puis donc agir ?

EDMOND.

Sans retard, à l'instant même, je vous en supplie... Ah ! venez, venez ! Un homme, un compagnon ! un frère !.. Merci... Seigneur, merci !

## SCÈNE VII

### EDMOND, FARIA

FARIA.

Attendez, voyons d'abord si mon passage n'a pas laissé de trace.

EDMOND.

Voyez !...

FARIA.

Toute notre tranquillité à venir est là-dedans, comprenez-vous ?... Non... bien... Vous m'avez donc entendu travailler ?...

EDMOND.

Oui !...

FARIA.

Depuis combien de temps?

EDMOND.

Depuis hier.

FARIA.

C'est vous qui avez frappé ?

EDMOND.

C'est moi !...

FARIA.

Pour m'indiquer un danger ?

EDMOND.

Oui.

FARIA.

Je m'en suis douté, et j'ai cessé de travailler.

EDMOND.

Oh ! combien j'avais peur que vous ne reprissiez pas votre ouvrage !...

FARIA.

Voyons votre cachot à vous ?

EDMOND.

Pourquoi faire ?

FARIA.

Pour savoir s'il vous reste quelque espoir. Sur quoi donne cette muraille ?

EDMOND.

Sur le corridor,

FARIA.

Impossible de fuir de ce côté, il y a trois portes avant d'arriver à la cour. Cet angle est de granit, il faudrait dix ans de travail à dix mineurs, munis de tous leurs outils, pour le percer... Et cette meurtrière ?

EDMOND.

Elle donne sur la galerie où se promènent les sentinelles.

FARIA

Vous en êtes sûr ?

EDMOND.

La nuit, j'entends le bruit de leurs pas, et parfois de petits cailloux qui roulent sous leurs pieds viennent tomber jusque sur mon lit.

FARIA.

Vous voyez donc bien qu'il est impossible de fuir par votre cachot !

EDMOND.

Eh bien ?

FARIA.

Eh bien ! que la volonté de Dieu soit faite...

EDMOND.

Mais pourquoi vous décourager ainsi ? Ce serait trop demander à Dieu que de vouloir réussir du premier coup ! Ne pouvez-vous recommencer, dans un autre sens, ce que vous avez fait dans celui-ci ? Je serai là cette fois. Je suis jeune, je suis fort, plein d'espérance depuis que je vous ai vu... je vous aiderai.

FARIA.

Mais savez-vous ce que j'ai fait, pour me parler ainsi de recommencer, jeune homme ?... Savez-vous qu'il m'a fallu quatre ans pour confectionner les outils que je possède ? Savez-vous que depuis deux ans je gratte et creuse une pierre dure comme le granit ? Savez-vous, enfin, que je croyais toucher au but de tous mes travaux, et que Dieu non seulement recule ce but, mais le transporte je ne sais où ?... Ah ! je vous le dis, je vous le répète, je ne ferai plus rien désormais pour essayer de reconquérir ma liberté, puisque la volonté de Dieu est qu'elle soit perdue à tout jamais !...

EDMOND.

Eh bien ! j'ai trouvé ce que vous cherchiez, moi...

FARIA.

Vous?...

EDMOND.

Oui... nous descellons ces barreaux qui donnent sur la galerie extérieure, nous tuons la sentinelle, et nous nous évadons ! Il ne faut, pour que ce plan réussisse, que du courage... vous en avez ; de la vigueur, je n'en manque pas ; je ne parle plus de patience, vous avez fait vos preuves ; je ferai les miennes.

FARIA.

Un in .ant. Vous n'avez pas compris de quelle espèce est mon courage et quel emploi je compte faire de ma force... Jusqu'ici, je croyais n'avoir affaire qu'aux choses, et voilà que vous me proposez, vous, d'avoir affaire aux hommes... J'ai pu percer un mur et détruire un escalier, mais je ne percerai pas une poitrine et ne détruirai pas une existence !

EDMOND.

Comment ! pouvant être libre, vous seriez retenu par un pareil scrupule?...

FARIA.

Mais vous-même, qui êtes jeune et fort, pourquoi n'avez-vous pas, un soir, assommé votre geôlier, revêtu ses habits et essayé de fuir?

EDMOND.

L'idée ne m'en est pas venue.

FARIA.

C'est qu'instinctivement vous avez une telle horreur pour un pareil crime, que vous n'y avez pas songé. L'homme répugne au sang ; ce ne sont point les lois sociales qui proscrivent le meurtre, ce sont les lois naturelles.

EDMOND.

Quel homme êtes-vous donc, que vous m'expliquez ainsi ce qui se passe dans mon âme ?

FARIA.

D'ailleurs, depuis bientôt sept ans que je suis en prison, j'ai repassé dans mon esprit toutes les évasions célèbres, et n'ai vu réussir que bien rarement les évasions violentes... Attendons une occasion, et, si cette occasion se présente, profitons-en.

EDMOND.

Vous avez pu attendre, vous. Ce long travail vous faisait une occupation de tous les instants... et, quand vous n'aviez pas votre travail pour vous distraire, vous aviez vos espérances pour vous consoler...

FARIA.

Puis j'ai d'autres occupations encore.

EDMOND.

Que faisiez-vous donc ?

FARIA.

J'étudiais ou j'écrivais.

EDMOND.

On vous donne donc du papier, des plumes et de l'encre ?

FARIA.

Non, je m'en fais.

EDMOND.

Vous vous faites du papier, des plumes et de l'encre ?

FARIA.

Oui, et des instruments pour percer la muraille. Voulez-vous voir tout cela ?

EDMOND.

Oh ! bien certainement.

FARIA.

Eh bien ! venez, alors.

EDMOND.

Où cela ?

FARIA.

Dans mon cachot.

EDMOND.

Passez devant, je vous suis.

## SEPTIÈME TABLEAU — LA PRISON DE FARIA

### SCÈNE PREMIÈRE

FARIA, *puis* EDMOND

FARIA.

Venez... Dieu merci, nous en avons tout le temps... Voilà le soleil qui se couche... commencez par allumer cette lampe.

EDMOND.

On vous permet donc d'avoir de la lumière ?

FARIA.

Je m'en suis procuré... De la viande que l'on me donne deux fois par semaine, j'extrais la graisse, et j'en tire cette espèce d'huile compacte que vous voyez dans le couvercle de ce pot à l'eau... la mèche est faite avec l'effilé de mes chemises... et de mes draps. Maintenant, voici tout mon ouvrage sur l'Italie, faisant à peu près un volume in-quarto.

EDMOND.

Sur quoi est-il écrit ?

FARIA.

Sur des bandes de toiles, larges de quatre pouces, comme vous voyez, et longues de dix-huit à peu près... J'ai inventé une préparation qui rend ce linge lisse et uni comme le parchemin.

EDMOND.

Mais encore, pour écrire ce traité, vous a-t-il fallu des plumes, de l'encre, un canif ?

FARIA.

Des plumes, je m'en suis fait avec des cartilages de poisson.

EDMOND.

Mais de l'encre ?

FARIA.

Il y avait autrefois une cheminée, ici, comme vous le voyez... La cheminée a été bouchée ; mais on y avait fait du feu pendant de longues années, elle était donc tapissée de suie... Je fais dissoudre cette suie dans une portion du vin qu'on me donne tous les dimanches, et, pour les notes particulières qui ont besoin d'attirer les yeux, je me pique les doigts, et j'écris avec mon sang.

EDMOND.

Mais le canif, le canif !

FARIA

Le canif, c'est mon chef-d'œuvre... Je l'ai fait ainsi que le couteau que voici, avec un vieux chandelier de fer.

EDMOND.

Oh ! monsieur, j'avais entendu raconter de merveilleuses choses de la patience et de l'adresse des prisonniers... mais, en vérité, rien qui ressemblât à cela... Qui êtes-vous donc, monsieur, et comment vous appelez-vous ?

FARIA.

Je me nomme Faria...

EDMOND.

Comment ! ce prisonnier que l'on croit malade ?

FARIA.

Que l'on croit fou, voulez-vous dire...

EDMOND.

Je n'osais...

FARIA.

Oui, oui, c'est moi qui passe pour fou... C'est moi qui divertis depuis si longtemps les hôtes de cette prison ; c'est moi, enfin, qui réjouirais les petits enfants, s'il y avait des petits enfants dans le séjour de la douleur sans espoir Maintenant, à votre tour.

EDMOND.

Moi, ma vie est courte... seulement elle renferme un abîme... et j'y suis tombé.

FARIA.

Oui, la femme du geôlier, que j'ai soignée dans une maladie, m'a tout raconté... Vous avez été arrêté le jour même de vos fiançailles, au moment où vous alliez devenir capitaine de navire ; on vous a arrêté sur une dénonciation anonyme qui vous accusait d'avoir vu l'empereur à l'île d'Elbe, et d'avoir rapporté en France une lettre adressée à un agent bonapartiste... Dites-moi... quelqu'un avait-il intérêt à ce que vous ne devinssiez pas capitaine du *Pharaon* ?

EDMOND.

Non, j'étais fort aimé à bord.

FARIA.

De tous ?

EDMOND.

De tous... un seul homme excepté.

FARIA.

Cet homme, comment se nommait-il ?

EDMOND.

Danglars.

FARIA.

Qu'était-il à bord ?

EDMOND.

Agent comptable !

FARIA.

Si vous fussiez devenu capitaine, l'eussiez-vous maintenu dans son poste ?

EDMOND.

Non, si la chose eût dépendu de moi.

FARIA.

Bien... Quelqu'un a-t-il assisté à votre dernier entretien avec le capitaine Leclère ?

EDMOND.

Nous étions seuls.

FARIA.

Quelqu'un a-t-il entendu votre conversation ?

EDMOND.

La porte était ouverte, et même... attendez donc... Danglars est passé juste au moment où le capitaine Leclère me remettait la dépêche destinée au grand-maréchal.

FARIA.

Bravo ! nous sommes sur la voie... Avez-vous emmené quelqu'un avec vous à terre, quand vous avez relâché à l'île d'Elbe ?

EDMOND.

Personne.

FARIA.

Cette lettre qu'on vous a remise, l'avez-vous cachée ?

EDMOND.

Elle était trop large pour entrer dans la poche de ma veste de marin, je l'ai rapportée à la main.

FARIA.

De sorte que l'on a pu voir à bord que vous rapportiez une lettre de l'île d'Elbe ?

EDMOND.

Certainement

FARIA.

Danglars, comme les autres ?

EDMOND.

Danglars, comme les autres.

FARIA.

Maintenant, écoutez bien... Quelle était l'écriture ordinaire de Danglars ?

EDMOND.

Une belle cursive.

FARIA.

Quelle était l'écriture de la lettre anonyme ?

EDMOND.

Une écriture renversée.

FARIA.

Contrefaite, alors ?

EDMOND.

Bien hardie pour être contrefaite.

FARIA.

Attendez.

*Faria prend une de ses plumes et écrit de la main gauche.*

EDMOND.

Oh ! c'est étonnant...

FARIA.

Comme l'autre écriture ressemblait à celle-ci. n'est-ce pas ? C'est que la dénonciation a été écrite de la main gauche. J'ai observé une chose.

EDMOND.

Laquelle ?

FARIA.

C'est que toutes les écritures tracées de la main droite sont variées, tandis que toutes les écritures tracées de la main gauche se ressemblent.

EDMOND.

Vous avez donc tout vu, tout observé ?

FARIA.

Continuons. Quelqu'un avait-il intérêt à ce que vous n'épousassiez pas votre fiancée ?

EDMOND.

Oui, un jeune homme qui l'aimait.

FARIA.

Son nom ?

EDMOND.

Fernand Mondego.

FARIA.

Croyez-vous que celui-ci ait été capable d'écrire la lettre ?

EDMOND.

Non, il m'eût donné un coup de couteau, voilà tout. D'ailleurs, il ignorait tous les détails consignés dans la dénonciation.

FARIA.

Vous ne les aviez donnés à personne ?

EDMOND.

A personne !

FARIA.

Pas même à votre maîtresse ?

EDMOND.

Pas même à ma fiancée.

FARIA.

C'est Danglars.

EDMOND.

Oh ! maintenant, j'en suis sûr.

FARIA.

Danglars connaissait-il Fernand ?

EDMOND.

Oui... attendez... je me rappelle...

FARIA.

Quoi ?

EDMOND.

Le jour de nos fiançailles, je les ai vus attablés ensemble sous la tonnelle du père Pamphile... Danglars était amical et railleur... Fernand était pâle et troublé !

FARIA.

Ils étaient seuls ?

EDMOND.

Non, ils avaient avec eux un troisième compagnon, un tailleur, nommé Caderousse ; mais celui-là était ivre... Attendez... attendez... près de la table où ils buvaient, il y avait un encrier, du papier, des plumes... Oh ! les infâmes !... les infâmes !...

FARIA, *riant.*

Non, les hommes ! les hommes !... Voulez-vous savoir autre chose maintenant ?

EDMOND.

Oui, oui, puisque vous approfondissez tout, puisque vous voyez clair en toutes choses, je veux savoir pourquoi je n'ai été interrogé qu'une fois, pourquoi on ne m'a pas donné des juges, et comment je suis condamné sans arrêt !

FARIA.

Oh ! ceci, c'est un peu plus grave... la justice a des allures sombres et mystérieuses qu'il est difficile de pénétrer. Il va falloir, sur ce sujet, me donner les indications les plus précises.

EDMOND.

Voyons, faites des questions ; car, en vérité, vous voyez plus clair dans ma vie que moi-même.

FARIA.

Qui vous a interrogé ?

EDMOND.

Un homme de vingt-sept à vingt-huit ans.

FARIA.

Bien... pas corrompu encore, mais ambitieux déjà. Quelles furent ses manières envers vous ?

EDMOND.

Douces, plutôt que sévères.

FARIA.

Lui avez-vous tout raconté ?

EDMOND.

Tout !

FARIA.

Et ses manières ont-elles changé dans le courant de l'interrogatoire ?

EDMOND.

Un instant elles ont été altérées, lorsqu'il eut lu la lettre qui me compromettait ; il parut accablé de mon malheur.

FARIA.

De votre malheur ?

EDMOND.

Oui !

FARIA.

Etes-vous bien sûr que c'était votre malheur qu'il plaignait ?

EDMOND.

Il m'a donné une grande preuve de sa sympathie du moins.

FARIA.

Laquelle ?

EDMOND.

Il a brûlé la seule pièce qui pouvait me compromettre.

FARIA.

Laquelle ? la dénonciation ?...

EDMOND.

Non, la lettre.

FARIA.

Vous en êtes sûr ?

EDMOND.

Cela s'est passé devant moi.

FARIA.

C'est autre chose ; cet homme pourrait être un plus profond scélérat que vous ne croyez.

EDMOND.

Vous me faites frissonner, sur mon honneur ! Le monde est-il donc peuplé de tigres ?

EDMOND.

Oui... seulement les tigres à deux pieds sont plus dangereux que les autres.

FARIA.

Continuons ! continuons !...

FARIA.

Il a brûlé la lettre, m'avez-vous dit ?

EDMOND.

Oui ! en s'écriant : « Il n'existe que cette preuve contre vous, et je l'anéantis. »

FARIA.

Cette conduite est trop sublime pour être naturelle.

EDMOND.

Vous croyez ?

FARIA.

J'en suis sûr... A qui cette lettre de Napoléon était-elle adressée ?

EDMOND.

A M. Noirtier, rue Coq-Héron, n° 5, à Paris.

FARIA.

Noirtier ?... J'ai connu un comte de Noirtier à la cour de l'ancienne reine d'Etrurie... un

Noirtier qui avait été girondin pendant la révolution... Comment s'appelait votre homme, à vous ?

EDMOND.

De Villefort... Qu'avez-vous ?...

FARIA.

Voyez-vous cette lumière ?

EDMOND.

Oui !

FARIA.

Eh bien ! tout est plus clair pour moi maintenant que ce rayon transparent et lumineux... Et cet homme a été bon pour vous ?

EDMOND.

Oui.

FARIA.

Il vous a fait jurer de ne jamais prononcer le nom de Noirtier ?

EDMOND.

Oui.

FARIA.

Ce Noirtier, pauvre aveugle que vous êtes... savez-vous ce que c'était que ce Noirtier ?... Ce Noirtier... c'était son père !

EDMOND.

Son père ! son père !

FARIA.

Oui, qui s'appelle Noirtier de Villefort !

EDMOND.

Oh ! laissez-moi, laissez-moi... il faut que je sois seul pour penser à tout cela !

FARIA

Pauvre enfant !

## ACTE CINQUIÈME

### DIXIÈME TABLEAU

**Les deux cachots séparés par un gros mur que les prisonniers ont percé. — Tous deux sont au lever du rideau dans l'excavation pratiquée dans ce mur. — Au-dessus une galerie sur laquelle se promène une sentinelle.**

### SCÈNE PREMIÈRE

FARIA, EDMOND

FARIA.

Eh bien ?...

EDMOND.

Nous n'avons plus que l'épaisseur de la dalle. J'entends passer et repasser le soldat au-dessus de ma tête.

FARIA.

Ainsi, en descellant encore une ou deux pierres ?...

EDMOND.

La dalle tombe, et l'homme avec...

FARIA.

Dantès, mon enfant, si vous pouvez ne pas tuer cet homme, ne le tuez pas.

EDMOND.

Vous savez, ce qui est convenu sera exécuté... L'homme tombe, nous nous jetons sur lui, nous le bâillonnons, nous le garrottons, puis, tous deux nous sortons par l'ouverture, nous nous précipitons à la mer, et nous gagnons la côte à la nage... Quelle heure est-il ?

FARIA.

Minuit passé. Avons-nous le temps de fuir cette nuit ?

EDMOND.

Sans doute.

FARIA.

Si nous attendions à la nuit prochaine ?

EDMOND.

Non, non ; pas une heure de plus, pas une seconde de plus, dans cet odieux cachot ! Songez-y, quatorze ans de captivité !... quatorze ans !...

FARIA.

C'est bien. Descellez les dernières pierres.

EDMOND.

Et vous, préparez les cordes et le bâillon.

FARIA.

J'y vais... (*Il descend dans son cachot.*) Mon Dieu !... mon Dieu !...

EDMOND, *en haut.*

J'attends.

FARIA.

Dantès... Dantès !... Vite... vite !... à moi !...

EDMOND.

Qu'y a-t-il ?

FARIA.

A moi, Dantès !... à moi !...

EDMOND, *redescendu dans le cachot de Faria.*

Qu'avez-vous ?... Mon Dieu, qu'avez-vous ?...

FARIA.

Je suis perdu !

EDMOND.

Vous ?

FARIA.

Oui, oui !... Ecoutez !.. Je le sens !... je le sens !...

EDMOND.

Quoi ?

FARIA.

Un mal terrible... mortel peut-être... un mal dont je fus déjà atteint une année avant mon incarcération. L'accès arrive, je le sens, je le sens !

EDMOND.

Que faire ?... qu'ordonnez-vous ?

FARIA.

Un remède, un seul... Levez le pied de mon lit, ce pied est creux ; vous y trouverez un petit flacon de cristal à moitié plein d'une liqueur rouge ; prenez-le, prenez-le !...

EDMOND.

Je le tiens.

FARIA.

Ecoutez, écoutez chaque parole, et devinez, si je ne puis achever... Voici le mal qui vient, je vais tomber en catalepsie... peut-être paraîtrai-je mort, et ne jetterai-je pas une plainte ; peut-être me tordrai-je en criant et en écumant; en ce cas, tâchez qu'on n'entende pas mes cris... étouffez-moi s'il le faut.

EDMOND.

Achevez... achevez !

FARIA.

Quand vous me verrez sans connaissance, ouvrez-moi les dents en me desserrant les mâchoires avec un couteau, et par l'ouverture, laissez couler dans ma bouche huit ou dix gouttes de cette liqueur, et alors peut-être reviendrai-je.

EDMOND.

Peut-être, dites-vous ?... Oh ! mon Dieu !

FARIA.

Oh ! oh ! à moi... à moi !... Je me meurs.... Ah !

*Il tombe.*

EDMOND.

Seigneur ! Seigneur ! ayez pitié de nous, mon Dieu ! Son pouls ne bat plus, son cœur est éteint... Que m'a-t-il dit ?... ma tête se perd. Ah ! oui... ce flacon, le couteau, ses dents... Oh ! serrées, serrées comme s'il était mort ! Faria... mon père, oh ! reviens à toi, reviens... c'est ton enfant qui t'appelle, celui qui te doit plus que la vie... mon maître bien-aimé... Oh ! rien... rien !... Mon Dieu ! mon Dieu ! un miracle... j'ai assez souffert et souffert assez innocemment pour vous demander un miracle !... O mon Dieu ! mon Dieu !... rendez-le à la vie... je vous en conjure, ô mon Dieu !... Oh ! oh ! je ne me trompe pas, le pouls recommence à battre... Le cœur... il bat, il bat aussi ! Faria ! Faria !... mon père... ouvre les yeux... regarde-moi... Il me regarde... Oh ! sauvé... sauvé !...

FARIA.

Dantès ! ..

EDMOND.

Oui, oui, Dantès... Edmond... votre ami...

FARIA.

Près de moi ?

EDMOND.

Sans doute.

FARIA.

Ah ! je ne croyais plus vous revoir...

EDMOND.

Vous croyiez mourir ?

FARIA.

Je croyais, vous qui étiez si pressé de fuir tout à l'heure, que pendant mon évanouissement...

EDMOND.

Taisez-vous !... taisez-vous !

FARIA.

Je m'étais trompé... je le vois bien... Oh ! je suis bien faible, bien anéanti...

EDMOND.

Courage, vos forces reviendront.

FARIA.

Non... la dernière fois, l'accès dura quelques secondes à peine... Voyez... je ne puis ni remuer la jambe gauche... ni lever le bras gauche... Ce bras est paralysé ; soulevez-le vous-même, et voyez ce qu'il pèse.

EDMOND.

Eh bien ! nous attendrons huit jours, un mois, deux mois, s'il le faut... Dans cet intervalle, vos forces reviendront. Tout est préparé pour notre fuite, nous avons la liberté d'en choisir l'heure et le moment. Le jour où vous vous sentirez assez de force pour nager, eh bien ! ce jour-là, nous mettrons notre projet à exécution... et, s'il le faut, je vous prendrai sur mes épaules, et vous soutiendrai en nageant.

FARIA.

Enfant ! chargé d'un pareil fardeau... vous ne feriez pas cinquante brasses dans la mer... Non, non, ne vous abusez point par des chimères, Edmond... Je resterai ici jusqu'à l'heure de ma délivrance... et ma délivrance, c'est la mort...

EDMOND.

Oh ! mon Dieu !...

FARIA.

Mais que cela ne vous arrête point, Edmond..: Fuyez... vous... vous êtes fort, jeune et adroit... Edmond, mon enfant, fuis... Je te rends ta parole.

EDMOND.

C'est bien ! moi aussi je resterai, alors !...

FARIA.

Edmond, tu es fou.

EDMOND.

Par le sang de Notre-Seigneur Jésus-Christ, je jure de ne vous quitter qu'à votre mort...

FARIA.

Eh bien ! j'accepte... Merci, mon fils... Ton dévouement ne sera pas long, je l'espère... et peut-être sera-t-il récompensé.

EDMOND.

Que voulez-vous dire ?

FARIA.

Dantès... regarde !

EDMOND.

Qu'est-ceci ?.

FARIA.

Regarde bien.

EDMOND.

Je regarde de tous mes yeux, et ne vois qu'un papier à demi-brûlé, sur lequel sont tracés des caractères gothiques avec une encre singulière.

FARIA.

Ce papier, mon ami... et maintenant je puis tout vous avouer, c'est mon trésor, qui, à compter d'aujourd'hui, vous appartient.

EDMOND.

Votre trésor ?

FARIA.

Oui.

EDMOND, *à part.*

Oh ! mon Dieu! voilà sa folie qui lui revient...

FARIA.

Dantès, vous êtes un noble cœur, et je comprends, à votre pâleur et à votre frisson, ce qui se passe en vous en ce moment... Non, mon ami, non, soyez tranquille, je ne suis pas fou ! non... Ce trésor existe, Dantès... et s'il ne m'a pas été donné de le posséder, vous le posséderez, vous... Personne n'a voulu m'écouter ni me croire, parce que l'on me jugeait fou ; mais vous, qui devez savoir mieux que personne que je ne le suis pas, écoutez-moi, et ensuite vous me croirez si vous voulez !... Mais d'abord, lisez, mon ami, lisez ..

EDMOND.

Je ne vois là que des signes tronqués, des mots sans suite... des caractères interrompus par l'action du feu... et qui restent inintelligibles.

FARIA.

Pour vous, mon ami, qui les lisez pour la première fois... mais non pas pour moi, qui ai pâli dessus pendant bien des nuits, qui ai reconstruit chaque phrase, complété chaque pensée... Ecoutez.. Je vous ai, une fois, en parlant de Rome, raconté l'histoire d'Alexandre VI et de César Borgia ?...

EDMOND.

Oui.

FARIA.

Je vous ai dit ces empoisonnements étranges à l'aide desquels ils héritaient des cardinaux qui mouraient autour d'eux... Eh bien ! un jour, ils résolurent d'hériter du cardinal Spada, l'un des plus riches cardinaux de Rome. Ils lui envoyèrent un messager pour l'inviter à dîner dans leur vigne. Il en était de ces invitations comme de celles que Néron envoyait par un prétorien : il n'y avait pas moyen de s'y soustraire... Le cardinal répondit qu'il acceptait, et demanda seulement la permission de passer dans une chambre à côté pour y prendre son bréviaire. Dix minutes après il sortit, son bréviaire sous le bras.. A trois heures de l'après-midi, il mourait entre les bras du médecin du pape, sans avoir eu le temps de dire à son valet de chambre autre chose que ces mots : « Remettez ce bréviaire à mon neveu... » Quand le valet de chambre rentra avec son bréviaire, il trouva le neveu expirant. Les Borgia avaient fait les choses en grand. Cependant, contre l'attente du pape, on eut beau chercher dans les palais, dans les caves, dans les vignes du cardinal Spada, on ne trouva, sauf quelques milliers d'écus, sauf quelques bijoux d'un prix médiocre, aucune trace de cette immense fortune que tout le monde connaissait au défunt. Comme le cardinal n'avait d'autre héritier que son neveu, tout fut vendu à l'encan... le bréviaire comme le reste. J'étais grand collectionneur de livres, vous le savez, mon cher Edmond ; j'appris que ce bréviaire historique, qui, depuis trois cents ans, voyageait de bibliothèque en bibliothèque, était à vendre, et je l'achetai...

EDMOND.

Mon Dieu !... mon Dieu !... vous pâlissez...

FARIA.

Donnez-moi le reste du flacon...

EDMOND.

Faria... mon père...

FARIA.

Un jour que j'étais fatigué, je m'endormis dans mon cabinet de travail, vers quatre heures, et ne me réveillai qu'à la nuit... Il faisait trop sombre pour que je pusse continuer d'écrire sans lumière... Il restait du feu dans l'âtre, j'avais une bougie devant moi... je cherchai quelque papier pour allumer ma bougie, et, craignant de prendre quelque papier précieux, je me souvins d'avoir vu, dans le fameux bréviaire, un vieux papier tout jauni par le haut et qui avait l'air d'un signet, et qui avait traversé les siècles, protégé par la vénération ou l'insouciance des acheteurs. Je cherchai en tâtonnant cette feuille inutile... je la trouvai; je la tordis, et, la présentant à la flamme mourante, je l'allumai... Mais sous mes doigts, comme par magie, à mesure que le feu montait, je vis des caractères jaunâtres sortir du papier blanc et apparaître sur la feuille... Alors je compris qu'il y avait quelque mystère caché là-dessous ; j'étouffai le feu, j'allumai directement la bougie au foyer, je rouvris avec une indicible émotion la lettre froissée ; je reconnus qu'une encre sympathique avait tracé ces lettres, apparentes seulement au contact d'une vive chaleur. Un peu plus du tiers avait été consumé par les flammes ; je lus ce qui en restait, et je fus convaincu d'une chose, c'est qu'après trois siècles je venais de retrouver le vrai, le seul, l'unique testament du cardinal.

EDMOND.

Grand Dieu !... mais illisible, mais inutile, incomplet, puisqu'il n'y a que les deux tiers des lignes.

FARIA.

Oui, oui... mais à force de travail, j'ai composé ce qui manque... Voyez, voyez... approchez ce papier de l'autre. ils s'adaptent ensemble, et lisez... lisez, Dantès !

EDMOND, *lisant.*

Cejourd'hui, 25 avril 1498, a
par Alexandre VI, et craignant, que non
ma charge, il ne veuille hériter de moi et ne meré
cardinaux Caprara et Bentivoglio, morts empoi
a mon neveu Guido Spada, mon légataire
enfoui dans un endroit qu'il conn
avec moi, c'est-à-dire dans
de Monte-Cristo, tout ce que je pos
monnayé, pierreries, diamants, bijoux ;
l'existence de ce trésor, qui peut
d'écus romains, et qu'il
la vingtième roche à partir de
l'est, en droite ligne, lequel tré
toute propriété, comme

CÉ

yant été invité à dîner
content de m'avoir fait payer
serve le sort des
sonnés, je déclare
universel, et, que j'ai
aît pour l'avoir visité
les grottes de la petite île
sédais de lingots d'or
que seul je connais
monter à cinq millions
trouvera, ayant levé
la petite crique de
sor je lui lègue en
seul héritier.

SARE SPADA.

Mon Dieu !... mon Dieu... serait-ce vrai ?..

Mais comment n'avez-vous pas tenté pour vous-même ?...

FARIA.

J'allais m'embarquer à Livourne pour l'île de Monte-Cristo, lorsque je fus arrêté comme auteur du grand ouvrage de la royauté en Italie, conduit à Fenestrelle, et de Fenestrelle au château d'If... Ainsi, aie confiance, Dantès... car une voix me dit que ce que je n'ai pu faire, tu le feras !... Vrai comme je vais mourir... vrai comme je meurs... Adieu, Dantès !...

*Il tombe.*

EDMOND.

Mon père ! mon père ! Ah ! plus rien dans le flacon !... Faria !... mon père !... Au secours !... au secours !...

FARIA, *recueillant ses forces.*

Silence !... *Il expire.*

EDMOND.

Oh ! c'est vrai !... Mon Dieu ! auraient-ils entendu !... Des pas !... on vient !... Ces papiers !...

## SCÈNE II

FARIA, *couché*, LE GEOLIER, EDMOND, *caché.*

LE GEOLIER.

Je ne me trompais pas, c'était le vieux qui avait appelé... Hé ! l'ami, que fais-tu donc là à terre ?... Mort !... (*Il appelle.*) Baptiste ! Baptiste !...

DEUXIÈME GEOLIER.

Quoi ?

PREMIER GEOLIER

Viens donc ici ?

DEUXIÈME GEOLIER.

Tiens ! il me semblait aussi avoir entendu appeler.

PREMIER GEOLIER.

Au secours ! n'est-ce pas ?

DEUXIÈME GEOLIER.

Oui.

PREMIER GEOLIER.

C'est un coup d'apoplexie... Remettons-le sur son lit.

DEUXIÈME GEOLIER.

Le fou est allé rejoindre ses trésors... Bon voyage !

PREMIER GEOLIER.

Pauvre diable !... avec tous ses millions, il n'aura pas de quoi payer son linceul.

DEUXIÈME GEOLIER.

Oh ! les linceuls du château d'If ne coûtent pas cher.

PREMIER GEOLIER.

Tu ne sais pas... comme c'est un savant, peut-être fera-t-on des frais pour lui ?

DEUXIÈME GEOLIER.

Alors il aura les honneurs du sac.

PREMIER GEOLIER.

Allons, allons, il ne s'agit pas de cela, il s'agit de prévenir le gouverneur.

DEUXIÈME GEOLIER.

Viens, en ce cas... Oh ! tu n'as pas besoin de fermer la porte, il ne se sauvera pas.

PREMIER GEOLIER

Eh ! qui sait ?... Ces diables de prisonniers, ils sont si malins... Il n'aurait qu'à faire le mort !

DEUXIÈME GEOLIER

Tu as raison... ferme.

## SCÈNE III

FARIA, *mort*, EDMOND, LE GOUVERNEUR, LE MÉDECIN, LA SENTINELLE, *sur la galerie*.

EDMOND.

S'ils l'avaient laissée ouverte cependant !... Mais non, non... fermée !... Allons, je n'ai plus qu'une ressource... la galerie... Dors en paix, sainte victime de la méchanceté des hommes !... Maintenant, je vais essayer de faire à moi seul ce que nous devions faire à nous deux... Adieu, Faria !... adieu, mon père !...

*Il remonte dans l'excavation.*

LA SENTINELLE.

Qui vive ?

LE GOUVERNEUR.

Ronde major !

LA SENTINELLE.

Pardon, monsieur le gouverneur.

LE GOUVERNEUR.

Qu'y a-t-il, mon ami ?

LA SENTINELLE.

Un mot, s'il vous plaît ?

LE GOUVERNEUR.

Allez, docteur, allez avec les geôliers... je vous rejoins... (*A la sentinelle.*) Qu'y a-t-il, mon ami ?

LA SENTINELLE.

Pardon, monsieur le gouverneur... mais nous sommes de garde toutes les vingt-quatre heures, comme vous savez...

LE GOUVERNEUR.

Oui.

LA SENTINELLE.

Eh bien ! il y a vingt-quatre heures, je montais donc ma garde ici, à la même place...

LE GOUVERNEUR.

Bien.

LA SENTINELLE.

Je marchais comme je marche... Mais hier, voyez-vous, ça ne sonnait pas le creux sous mes pieds...

LE GOUVERNEUR.

Où cela ?

LA SENTINELLE.

Ici... tenez !...

*Il frappe la dalle avec la crosse de son fusil.*

EDMOND.

Oh ! mon Dieu !... mon Dieu !... mon dernier espoir !...

LE GOUVERNEUR.

En effet.

LA SENTINELLE.

Entendez-vous ?

LE GOUVERNEUR.

Parfaitement.

LA SENTINELLE.

Est-ce qu'il y a une cave là-dessous ?

LE GOUVERNEUR.

Non... il y a des cachots... Ton fusil est-il chargé ?

LA SENTINELLE.

Oui, mon commandant.

LE GOUVERNEUR.

Je vais t'envoyer deux autres hommes... et au jour, nous verrons.

EDMOND.

Je suis maudit !...

*Les deux geôliers sont entrés avec le médecin.*

## SCÈNE IV

LE MÉDECIN, FARIA, *mort*, LE GOUVERNEUR, *entrant*, EDMOND, *caché*.

LE DOCTEUR.

Ah ! c'est le fou furieux ?

DEUXIÈME GEOLIER.

Fou furieux !... Oh ! non, monsieur le docteur... Là, je puis en répondre, moi, je l'ai toujours trouvé l'homme le plus doux de la terre... Souvent il me racontait des histoires... et un jour que ma femme était malade, il l'a guérie.

LE DOCTEUR.

J'ignorais que j'eusse affaire à un confrère... J'espère, monsieur le gouverneur, que vous le traiterez en conséquence.

LE GOUVERNEUR.

Oh ! soyez tranquille... Ainsi, il est mort ?

LE DOCTEUR.

Oui, d'une attaque d'apoplexie.

LE GOUVERNEUR, *au geôlier*.

Je vous avais dit de vous munir d'un sac ?

LE GEOLIER.

Et j'ai accompli vos ordres, monsieur le gouverneur... Voilà.

LE GOUVERNEUR.

Faites tout de suite.

LE DOCTEUR.

Vous êtes bien pressé de vous débarrasser de ce pauvre mort, monsieur le gouverneur ?

LE GOUVERNEUR.

Ce n'est pas cela précisément... c'est que la sentinelle qui se promène dans le galerie, au-dessus de nos têtes, vient de faire une observation que je désire vérifier... et pour cela il faut que le cachot soit vide... Vous êtes sûr qu'il est bien mort, n'est-ce pas ?

LE DOCTEUR.

Très sûr.

LE GOUVERNEUR.

Alors, un peu plus tôt, un peu plus tard...

LE DOCTEUR.

Au fait...

LE GOUVERNEUR.

Que dans un quart d'heure tout soit fini... (*Aux geôliers.*) Vous entendez, vous autres?

EDMOND.

Si, en passant devant mon cachot, ils allaient l'ouvrir !...

*Il retourne précipitamment à son cachot.*

UN GEOLIER, *dans le cachot de Faria.*

As-tu une corde, toi ?

DEUXIÈME GEOLIER.

Non.

PREMIER GEOLIER.

Eh bien ! je vais chercher la corde... Va préparer le boulet !

DEUXIÈME GEOLIER.

Allons...

LE GOUVERNEUR, *à la porte du cachot d'Edmond.*

Dormez-vous ?...

EDMOND.

Que me veut-on?

LE GOUVERNEUR.

Rien... vous prévenir seulement que votre

voisin est mort... vous aviez demandé autrefois un changement de cachot, peut-être pourra-t-on faire ce que vous désirez...

EDMOND.

Merci! Ils s'éloignent..., et de ce côté plus personne... (*Il retourne dans le cachot de Faria, il regarde le mort.*) Parti seul !... Me voilà revenu seul... seul en face du néant, plus même la vue, plus même la voix du seul être humain qui m'attachât à la terre! Si je pouvais mourir, j'irais où il va, et je le retrouverais... Mais comment mourir ?... C'est bien facile, je n'ai qu'à rester ici, je me jetterai sur le premier qui va entrer, je l'étranglerai, et l'on me guillotinera... C'est ce que j'ai de mieux à faire, puisque toute fuite est impossible maintenant... Oh ! non, ce n'est pas la peine d'avoir tant lutté, d'avoir tant souffert, j'irai jusqu'au bout... Non, je veux vivre, je veux lutter, je veux sortir d'ici un jour, fût-ce dans dix ans ! J'ai mes bourreaux à punir, et peut-être aussi, qui sait ? mes amis à récompenser... Mais on va m'oublier ici, et je ne sortirai de mon cachot que comme Faria !... Oh ! qui m'envoie cette pensée ? Est-ce vous, mon Dieu ?... Puisqu'il n'y a que les morts qui sortent librement d'ici... prenons la place des morts. Oui, oui, c'est une inspiration céleste ! Ce couteau... bien ! Si les geôliers s'aperçoivent qu'ils portent un vivant au lieu d'un mort, j'ouvre le sac du haut jusqu'en bas, je profite de leur terreur et je m'échappe... S'ils veulent m'arrêter, j'ai ce couteau... S'ils me conduisent jusqu'au cimetière et me déposent dans une fosse, je me laisse couvrir de terre, puis je m'ouvre un passage à travers cette terre fraîche et je m'enfuis... Si je me trompe, si la terre est trop pesante, je meurs étouffé... tant mieux, tout est fini ! (*Il va mettre Faria dans son lit.*) S'ils entrent ici, ils croiront que c'est moi qui dors ; les voilà qui reviennent... Aurai-je le temps ?...

PREMIER GEOLIER, *dans le cachot de Dantès.*

Tenez, puisque vous êtes éveillé... pour ne pas vous déranger, on vous apporte votre déjeuner tout de suite.

DEUXIÈME GEOLIER.

Eh bien ! il ne répond pas, ton prisonnier...

PREMIER GEOLIER.

Ne m'en parle pas.,. c'est un maniaque, celui-ci... Il dort les trois quarts du temps...

DEUXIÈME GEOLIER.

Qui dort dîne... Allons, viens...

PREMIER GEOLIER.

Attends... prête-moi la lanterne... Oh ! il dort, il n'y a rien à dire...

*Pendant ce temps, Edmond s'est enfermé dans le sac.*

EDMOND.

Protégez-moi, mon Dieu !...

PREMIER GEOLIER, *dans le cachot de Faria.*

Attends...

*Il lie le sac.*

DEUXIÈME GEOLIER.

C'est qu'il est encore lourd pour un vieillard si maigre...

PREMIER GEOLIER.

Dame ! on dit que chaque année ajoute une demi-livre au poids des os...

DEUXIÈME GEOLIER.

Il me semble plus grand que de son vivant...

PREMIER GEOLIER.

Tu sais bien qu'on grandit en mourant.

DEUXIÈME GEOLIER.

As-tu fait ton nœud ?

PREMIER GEOLIER.

Oui... et toi ?

DEUXIÈME GEOLIER.

Je serais bien bête de nous charger d'un poids inutile... J'attacherai la chose là-haut...

PREMIER GEOLIER.

Y es-tu ?...

DEUXIÈME GEOLIER.

Oui !

## ONZIÈME TABLEAU

Le théatre représente la mer, les rochers et la plate-forme du chateau d'If. — La nuit est sombre.

PREMIER GEOLIER.

Allons !

*Ils traversent la galerie et gravissent lentement les rochers.*

DEUXIÈME GEOLIER.

Attends... C'est ici.

PREMIER GEOLIER.

Ici quoi ?...

DEUXIÈME GEOLIER.

Que j'ai mis le boulet.

PREMIER GEOLIER.

L'as-tu ?

DEUXIÈME GEOLIER.

Oui.

PREMIER GEOLIER.

Bien !

DEUXIÈME GEOLIER.

Est-ce fait ?...

PREMIER GEOLIER.

Il n'a rien perdu pour attendre... Un boulet de trente-six, comme à un capitaine !

DEUXIÈME GEOLIER.

En ce cas, en route !

PREMIER GEOLIER.

Mauvais temps ! Il ne fera pas bon en mer cette nuit...

DEUXIÈME GEOLIER.

Oui... Le pauvre vieux court grand risque d'être mouillé.

PREMIER GEOLIER.

Bon ! nous voilà arrivés...

DEUXIÈME GEOLIER.

Plus loin, plus loin... Tu sais bien que le dernier est resté en route, brisé sur le rocher... et que le gouverneur nous a dit, le lendemain, que nous étions des fainéants...

PREMIER GEOLIER.

Ici, est-ce bien ?

DEUXIÈME GEOLIER.

Oui.

PREMIER GEOLIER, *balançant le cadavre.*

Une !

DEUXIÈME GEOLIER.

Deux !

ENSEMBLE.

Trois !

*Ils lancent le cadavre, qui disparaît. On entend un grand cri qu'étouffent le vent et le bruit des flots.*

EDMOND, *paraissant sur un rocher.*

Sauvé !... mon Dieu ! sauvé !...

FIN DE LA PREMIÈRE SOIRÉE

## (4) NOTE BIBLIOGRAPHIQUE

Outre les livres et les journaux déjà cités, plusieurs publications font mention de Faria et de sa doctrine. J'en cite quelques-unes des plus importantes :

*Le Journal de Paris*, 24 août 1813, et les autres journaux de la même époque.

*La Gazette de France* du 6 septembre 1816, et les autres journaux de l'époque.

*Du Magnétisme animal en France*, par le docteur BERTRAND. Paris, 1876, p. 240.

*Œuvres complètes* de HOFFMAN. Paris, 1828, p. 384.

*Histoire Académique du Magnétisme animal*, par BURDIN et DUBOIS. Paris, 1841, pp. 258 et suiv.

*Nouvelle Biographie générale*. Article « Faria » (l'abbé José Custodio), signé par LOUIS LACOUR, Paris, 1858.

*Diccionario bibliographico Portuguẽs :* Estudos de Innocencio Francisco da SILVA. Lisbôa, 1860, vol. X, p. 303. Le même, vol. XII, par BRITO ARANHA, p. 209.

*Dictionnaire encyclopédique des Sciences médicales*. Article « Mesmérisme » par le Dr DECHAMBRE. 2e série, t. VII. Paris, 1873.

*Traité complet du Magnétisme animal*, par BARON DU POTET. 4e éd. Paris, 1883, p. 313.

BROWN-SÉQUARD, dans la Préface à la traduction française de *Neurypnologie* de James. Braid, 1883.

LIÉBEAULT (le docteur A.). *Journal du Magnétisme animal*, 5 juin et 7 octobre, 1885, et 9 février et 10 mai, 1886.

*L'Hypnotisme et les Etats analogues*, par le docteur GILLES DE LA TOURETTE. 2e éd. Paris, 1889, p. 18 et suiv.

*Leçons cliniques sur l'hystérie et l'hypnotisme*, par le docteur PITRES. Paris, 1891. T. II, p. 78.

O. ABBADE FARIA, dans *Migalhas da historia Portuguêsa*, par PINHEIRO CHAGAS, Lisboa, 1893.

*Répertoire générale de l'Histoire de Paris*, par A. TUETEY. Paris, 1900, vol. V, p. 456.

# INDEX

Imprimerie H. JOUVE, 15, Rue Racine, Paris.

www.ingramcontent.com/pod-product-compliance
Ingram Content Group UK Ltd.
Pitfield, Milton Keynes, MK11 3LW, UK
UKHW022057190726
13855UKWH00002B/535